HBB+

現代社会と刑法を考える

甲斐克則 編
Katsunori Kai

法律文化社

はしがき

　本書は,「法律文化ベーシック・ブックス (HBB)」シリーズの1書である。科学技術・経済活動の進歩・拡大に伴い,グローバル社会であると同時に情報社会でもある現代社会においては,犯罪も多様化し,かつ国境を越え,国際化が進む中で,刑法はいかなる役割を果たすべきか,について深く考える必要がある。本書は,これらを具体的問題に関連づけて共に考える素材を提供することを目的としている。従来のオーソドックスな刑法学習法は,刑法総論と刑法各論に分けてそれぞれ学説と判例を中心に解釈論を学ぶというスタイルであるが,法曹を目指さない多くの学生や犯罪と刑罰に関心を抱く多くの一般市民にとっては,オーソドックスに刑法を学ぶことは,理論が精緻すぎて,やや「高嶺の花」のように感じるとの声も耳にする。しかし,犯罪と刑罰は,人権問題に深く関わり,国民生活に大きな影響を及ぼすだけに,大学生のみならず,裁判員となる可能性のある一般市民の多くの人々に刑法をできるだけ身近に感じてもらう必要がある。そこで,本書では,現代社会が抱える特有の重要な諸問題を選り抜いて読者が共に問題点を考えることができるように工夫を凝らして記述している。多くの読者が本書により,刑法がより身近なものと感じられることを期待している。

　本書で取り上げた諸問題は,新たなものだけに,明快な解答を見いだせないものも多い。したがって,いかなる視点からどのような解決を目指すべきかを,本書を読みながら考え,さらに講義やゼミ等で議論をしながら考えていただきたい。このように考えながら学ぶことによって,現代社会における刑法の真の意義と役割に深く関

心を抱くことができるであろう。

　本書の執筆者は，編者と学問的交流の深い中堅・若手の研究者で，それぞれの問題に造詣の深い方々である。ご多忙な中，本書の企画趣旨に賛同していただいたうえ，各章の構成提出，そして執筆者会議，さらには提出原稿の修正に至るまで，快くご協力いただいた。そのおかげで，短期間に予定どおり本書を刊行することができた。この場をお借りして各執筆者の方々に厚く御礼を申し上げたい。また，法律文化社の小西英央編集部長には，私の企画・発案を迅速に具体化して進めていただき，全面的支援をいただいた。ここに謝意を表したい。

　　2011年師走

　　　　　　　　　　　　　　　　　　　編者　甲　斐　克　則

目　　次

はしがき

プロローグ …………………………………………………………………… 1

第1章　現代社会と刑法理論 …………………………… 4

1　現代社会と刑法を取り巻く状況　4
2　近代刑法の基本原理の誕生の経緯と
　　現代社会における意義　5
3　現代社会における刑法理論の役割　9
4　現代社会における刑法の課題とゆくえ　16

第2章　治療行為・医療事故と刑法 ……………………… 17

1　医療の分野への刑法の介入　17
2　医療をめぐる刑事裁判　20
3　医療行為をめぐる刑事事件の新たな問題点　24
4　医療をめぐる近年の動向と今後の展望　28

第3章　生命の発生と刑法 …………………………………… 30

1　生殖補助医療の現状　30
2　未出生の生命の保護——人工妊娠中絶　34
3　未出生の生命の保護——出生前診断と着床前診断　38

第4章　終末期医療と刑法 …… 43

1　医師の治療義務と患者の自己決定の相克　43
2　安楽死　44
3　尊厳死（人工延命治療の差控え・中止）　48
4　高齢者医療　52
5　自己決定論再考　55

第5章　生命科学・人体の利用と刑法 …… 56

1　生命科学の発展と人体の利用の現状　56
2　遺伝学研究に伴う問題　59
3　移植医療に伴う問題　61
4　生殖補助技術・再生医学研究に伴う問題　63
5　生命科学の時代における刑法学の役割　67

第6章　精神科医療と刑法 …… 69

1　刑事責任判断における精神鑑定　69
2　刑事訴訟手続と精神鑑定　73
3　刑事責任能力判断における
　　生物学的要素としての「精神の障害」　76
4　ニューロサイエンスと刑法　79

第7章　性と刑法 …… 82

1　強制わいせつ罪と強姦罪　82
2　セクシュアル・ハラスメント　89
3　わいせつ物頒布罪　91
4　今後の課題　93

第 8 章　家庭内暴力と刑法　　95

 1　現代における家庭と犯罪　95
 2　家庭と刑法　97
 3　ドメスティック・バイオレンス（DV）をめぐる問題　100
 4　児童虐待をめぐる問題　102
 5　高齢者虐待をめぐる問題　106
 6　今後の課題　107

第 9 章　少年非行と刑法　　108

 1　少年非行　108
 2　刑法と少年法　108
 3　非行の動向と現状　110
 4　家裁と少年法の変化　111
 5　「原則逆送」とその問題点　113
 6　結果の重大性と少年の刑事責任　115
 7　今後の課題　119

第10章　企業活動と刑法　　121

 1　企業活動に対する刑事責任　121
 2　刑事製造物責任　122
 3　独占禁止法違反の罪　125
 4　証券犯罪　128
 5　会社経営に関する罪　130
 6　今後の課題と展望　133

第11章　消費者保護と刑法　　135

 1　消費者保護と事前規制・事後規制　135
 2　刑法における詐欺罪の規制——振り込め詐欺を例に　136
 3　業法における詐欺的行為の規制　142
 4　消費者保護と刑法の役割　146

第12章　交通事故と刑法　　148

 1　自動車事故の刑事責任　148
 2　自動車運転過失致死傷罪　149
 3　危険運転致死傷罪　155
 4　ひき逃げの刑事責任　159

第13章　環境保護と刑法　　161

 1　環境問題と法　161
 2　公害法から環境法へ　162
 3　環境リスク管理法における刑法　166
 4　刑法の限界　170
 5　現代社会における刑法の役割　173

第14章　電脳社会・情報社会と刑法　　175

 1　情報化社会の進展とその影　175
 2　インターネット技術の基本　176
 3　ネットワーク利用犯罪　178
 4　クラッキング・不正アクセス　182
 5　インターネット空間の安全の今後　186

第15章　公務員と刑法　188

　1　疑惑による処罰と刑法の基本原則　188
　2　公務員のみが行いうる犯罪——賄賂罪　189
　3　国家公務員による業務上過失致死傷罪——監督責任　196

第16章　グローバル化国際社会と刑法　201

　1　グローバル化社会における犯罪　201
　2　国内的な刑罰権の行使（わが国の刑法による対処）　205
　3　超国家的な刑罰権の行使　209
　4　刑法のグローバル化　212

第17章　現代社会と刑罰制度　214

　1　刑罰とは何か　214
　2　刑罰の適用　221
　3　現代の刑罰思潮　225
　4　刑罰制度の課題と展望　226

エピローグ　229

　判例索引
　事項索引

コラム目次

2-1 横浜市立大患者取違え事件（23） 6-1 精神障害者の処遇をめぐる法制度の変遷（72） 6-2 触法精神障害者の処遇をめぐる法制度の整備（75） 6-3 解離性同一性障害と刑事責任（78） 7-1 性犯罪被害者（89） 12-1 自転車事故の刑事責任（156） 12-2 道路交通事故以外の交通事故と刑法（158） 14-1 サイバー犯罪条約（179） 14-2 コンピュータウイルス作成の刑事規制（184） 15-1 政治資金規正法と賄賂罪（190） 15-2 社交儀礼と賄賂罪（195） 15-3 明石歩道橋事故事件（199） 16-1 ソマリア海賊の処罰（204）

凡　　例

1　判決の引用は，以下のような略記を用いる。

　　　最判＝最高裁判所判決　（［大］＝大法廷判決）
　　　高判＝高等裁判所判決
　　　地判＝地方裁判所判決
　　　民集＝最高裁判所民事判例集
　　　刑集＝最高裁判所刑事判例集
　　　集刑＝最高裁判所裁判集刑事編
　　　高刑集＝高等裁判所刑事判例集
　　　下刑集＝下級裁判所刑事裁判例集
　　　判時＝判例時報
　　　判タ＝判例タイムズ
　　　刑月＝刑事裁判月報
　　　裁時＝裁判所時報

　「判」にかえて「決」とあるのは，「決定」の略である。

2　本文中に記載している条文の中で「刑」と略記しているのは，「刑法」のことである。

プロローグ

本書の企画趣旨 　本書を手にした読者に，ただちに5つの問いを投げかけよう。①なぜ人が人を罰することができるのか。②どのような行為が犯罪であり，なぜそれが刑罰に値するのか。③なぜ犯罪が生じるのか，どうすれば犯罪を防止できるのか。④犯罪現象の実態はどうなっているのか。⑤犯罪認定の手続はどうなっているのか。

　これらの問いこそ，長年，刑法学が取り組んできた大きなテーマである。そう簡単に解答を出せるわけではない。しかし，考え続けなければならない永遠のテーマである。刑法を学ぶことは，人間とは何か，国家とは何かを考えることでもある。とりわけ科学技術・経済活動の進歩・拡大に伴い，グローバル社会であると同時に情報社会でもある現代社会においては，犯罪も多様化し，かつ国境を越え，国際化が進む中で，刑法はいかなる役割を果たすべきか，について深く考える必要がある。本書全体のモチーフは，これらを具体的問題に関連づけて共に考える素材を提供するところにある。従来のオーソドックスな刑法学習法は，刑法総論と刑法各論に分けてそれぞれ学説と判例を中心に解釈論を学ぶというスタイルであるが，法曹を目指さない多くの学生や犯罪と刑罰に関心を抱く多くの一般市民にとっては，オーソドックスに刑法を学ぶことは，理論が精緻すぎて，やや「高嶺の花」のように感じるとの声も耳にする。しかし，犯罪と刑罰は，人権問題に深く関わり，国民生活に大きな影響を及ぼすだけに，大学生のみならず，裁判員となる可能性のある一

般市民の多くの人々に刑法をできるだけ身近に感じてもらう必要がある。

そこで，本書では，第1章で刑法をめぐる近年の状況と刑法理論の概略を述べた後，各章において，現代社会が抱える特有の重要な諸問題を選り抜いて読者が共に問題点を考えることができるように工夫を凝らして記述している。これにより，刑法がより身近なものとなることを期待している。

刑法の意義と学び方

本論に入る前に，まず，刑法の意義を確認しておこう。刑法とは，犯罪と刑罰に関する法のことをいう。狭義の刑法は，刑法典（1907年（明治40年）制定，1997年（平成7年）口語体に改正，最終改正2007年（平成19年））である。特に，その第1編「総則」には，犯罪と刑罰の基本的ルールが規定されている。そして，第2編「罪」には，殺人罪，傷害罪，強盗罪，窃盗罪等々の個人法益に対する罪のほか，放火罪，文書偽造罪等々の社会的法益に対する罪，さらには，公務執行妨害罪，収賄罪等々の国家的法益に対する罪が規定されている。

しかし，この刑法典のほかに，たとえば，「暴力行為等処罰ニ関スル法律」，「組織的な犯罪の処罰及び犯罪収益の規制等に関する法律」，「人の健康に係る公害犯罪の処罰に関する法律」といった特別刑法も多く存在するし，さらには，道路交通法，税法といった行政法規でありながら，一定の違反に対して刑罰を科す行政刑罰法規（行政刑法）も多く存在する。その他，都道府県等の自治体が作る条例の中にも，条例罰則があり，会社法のような民事法の中にも特別背任罪（会社法960条）のような処罰規定があり，さらには，刑事訴訟法，少年法，「刑事収容施設及び被収容者等の処遇に関する法律」といった刑法と深い関係のある法律もあり，これらを含めて，「広義の刑法」と呼ぶことがある。

本書の活用方法　本書でも，テーマや項目によって，広義の刑法が随時登場するので，手元に六法を置いて随時条文を確認しながら読み進めていただきたい。同時に，判例も重要である。日本法は，英米法のように判例法の国ではないが，実質的に判例の動向は，法解釈において大きな意義を有しているので，さらに勉強を深めたい読者は，本書で取り上げられた重要判例を随時参照することを勧めたい。

　もっと視野を広げると，刑法の歴史や諸外国の刑法の動向にも目配りする必要がある。特にグローバル社会にあっては，国内で解決困難な場合，比較刑法の知見を駆使して日本の問題解決に役立てることは，日本が歴史的に得意としてきた手法である。本書でも，可能な範囲で，諸外国の動向を取り入れた部分がある。問題点を考えるうえで，柔軟な発想が求められるからである。

　本書で取り上げた諸問題は，21世紀の社会構造の変化，科学技術の著しい進歩および経済活動の拡大とボーダレス化，さらには地球規模でのグローバル化の中で登場してきた新たな犯罪現象も多く，明快な解答を見いだせない問題も多い。たとえば，環境問題，先端医療に起因する問題，情報技術を悪用したサイバー犯罪ないしインターネット犯罪，大規模災害，金融犯罪・証券犯罪・薬害・食品偽装等の企業犯罪など，多様な問題が解決を求められている。そうであるがゆえに，いかなる視点からどのような解決を目指すべきかを，本書を読みながら自ら考え，さらにゼミ等で議論をしながら再度共に考えていただきたい。このように考えながら学ぶことによって，現代社会における刑法の真の意義と役割に深く関心を抱くことができるであろう。

第1章　現代社会と刑法理論

■この章で考えること
　科学技術・経済活動の進歩・拡大に伴い，グローバル社会であると同時に情報社会でもある現代社会において，犯罪も多様化し，かつ国境を越え，国際化が進む中で，刑法はいかなる役割を果たすべきか，について総論的に考えてみよう。

1　現代社会と刑法を取り巻く状況

　21世紀の社会構造の変化は，目まぐるしいものがある。科学技術の著しい進歩および経済活動の拡大とボーダレス化，さらには地球規模でグローバル化が進行し，人々は新たな恩恵を受けることができるようになった反面，犯罪現象は多様化し，国境を越える犯罪も増加しつつある。近代社会が産業革命に支えられて発展し，近代刑法もそれに呼応して発展してきたが，いまや，その産業革命に匹敵する，あるいはそれをも超える大きな変革が現代刑法学に大きな諸問題を投げかけている。たとえば，環境問題，先端医療に起因する問題，情報技術を悪用したサイバー犯罪ないしインターネット犯罪，大規模災害，金融犯罪・証券犯罪・薬害・食品偽装等の企業犯罪など，多様なものがある。
　このような現代社会は，とりわけ「リスク社会」という標語で特徴づけられている。「危険社会」という語が用いられることもあるが，ここで「危険」という語を用いることは，人々の不安を煽るニ

ュアンスを有しており，誤解を招く懸念があるので，本書では，「リスク社会」という語を用いることにする。「リスク（risk）」と「危険性（danger）」ないし「危害（harm）」とは，区別すべきである。しかし，いかなる用語を用いようとも，たとえば，2011年3月11日の東日本大震災に起因する東京電力福島第1原子力発電所事故に代表されるように，現代テクノロジー社会は，人々の不安感と安心感が交錯する複雑な様相を呈していることに変わりはない。しばしば，「不安」と対置するものとして，「安心・安全」という用語が用いられるが，「安心」と「安全」は異なる。「安心」という用語は，「不安」と同様，人々の「感じ方」を意味する用語であるが，「安全」という用語は，「危険性」との関係で用いられるべきである（加藤尚武『災害論』（世界思想社，2011年）69頁参照）。この点を意識せずに「安心・安全」を過度に強調することは，刑法解釈論および刑事立法，さらには刑事政策に大きな影響を及ぼすので，注意を要する。いずれにせよ，いわば人類が誰しも直面するリスクを内在する社会が，まさに現代社会の特徴の1つであるといえよう。

　このような状況下で，刑法は，いかなる基本原理の下でいかなる役割を果たすべきか，という点を考える必要がある。

2　近代刑法の基本原理の誕生の経緯と現代社会における意義

　歴史的に，近代刑法は，ヨーロッパにおいて，中世以来のアンシャンレジーム（教皇権力・国王権力を中心とした旧体制）を克服して市民が行動の自由と人権の保障を求めたことに端を発して生成されてきた。それは，啓蒙主義哲学の影響を受けたフランス革命（1789年）をはじめとする新興市民（ブルジャージー）を中心とした政治的潮流

と符合して生成されたものである。

行為主義 近代社会は,たとえば,ヨーロッパ中世の魔女裁判における異端者弾圧に見られたような内心の思想処罰の弊害を克服すべく,犯罪と結び付く外部的行為のみを処罰の対象とすべきだとする行為主義を生み出した。これにより,19世紀以降,犯罪を行為と結果との因果的なつながりの観点から捉える客観主義犯罪論が大きな潮流を形成した。この行為主義は,主観主義犯罪論が台頭して展開された19世紀末から20世紀中葉までの「学派の争い」を経た現代社会においても,理解の差はあれ,立場を超えて支持されている。

罪刑法定主義 イギリスでは,横暴なジョン国王に対して地元貴族が抵抗し,1215年にマグナ・カルタ（大憲章）が制定され,「自由人はその同僚の適法な裁判により,かつ国の法律によるのでなければ処罰されない。」(39条)という原則が誕生した。このマグナ・カルタは,「法の支配」と「適正手続」の原型を含んでいることから,後にイギリスの伝統となり,また,アメリカの独立宣言（1776年）に受け継がれ,罪刑法定主義の淵源になったといわれている。

この罪刑法定主義は,ヨーロッパ大陸において,フランスの哲学者ルソーの影響を受けたイタリアのチェザーレ・ベッカリーアが1764年に『犯罪と刑罰』の中で,適正かつ明確な法律の必要性と罪刑の均衡を説いて以後,フランス革命を経て1789年のフランス人権宣言8条に結実した。同条では,「法律は,厳格かつ明白に必要な刑罰のみを定めねばならず,何人も犯罪に先立って制定公布され,かつ適法に適用された法律によらなければ処罰されない。」と規定されたのである。これこそ,罪刑法定主義の実質的内容を端的に表現したものにほかならない。これにより,アンシャンレジーム下で

の国王権力による罪刑専断主義，裁判官の恣意的解釈，過酷な刑罰，不明確な法律といった弊害を克服する道標が示され，世界に大きな影響を与えることになる。近代刑法学の父といわれるドイツのアンゼルム・フォン・フォイエルバッハは，その後，「法律なければ刑罰なし，法律なければ犯罪なし」という有名な標語を樹立して，罪刑法定主義を近代刑法の基本原則にまで高めた。これにより，市民の行動の自由を保障する柱が樹立された。その後，1926年のソビエト刑法16条や1935年のナチス刑法2条で一時的に否定された時代もあったが，現在では，罪刑法定主義は，世界の共通原則となっており，複雑な現代社会においても堅持されるべき原則である。

日本でも，罪刑法定主義について刑法典に明文こそないが，日本国憲法31条は，「何人も，法律の定める手続によらなければ，その生命若しくは自由を奪はれ，又はその他の刑罰を科せられない。」として，法定的手続の保障規定を置き（法律主義），また39条は，「何人も，実行の時に適法であった行為又は既に無罪とされた行為については，刑事上の責任を問はれない。」として，遡及処罰の禁止および一事不再理の規定を置いて，罪刑法定主義を憲法上保障している。これらのほか，似ているからという理由だけで類推解釈をして処罰することもできない（類推解釈の禁止）。また，刑の上限も定めていなければならない（絶対的不確定刑の禁止）。さらに，可能なかぎり法文の明確性も要求される（明確性の原則）ほか，行為が刑事規制の内容に適するものであることも要求される（実体的デュープロセスの理論）。

責任主義 近代刑法は，責任と刑罰の関係においても，責任主義ないし責任原理という原則を生み出した。中世までは，結果が発生すれば，故意・過失といった責任の有無を厳密に問わずに刑罰を科していた（結果責任）。しかし，産業革

命やフランス革命以降,「人間の尊厳」が人間存在の本質として自覚されはじめると,「責任なければ刑罰なし」という責任主義が唱えられはじめ, 責任能力, 故意または過失がなければ刑事責任を問えず, 刑罰を科すことはできないとする原則が, 長い年月をかけて世界各国に浸透することになる（アルトゥール・カウフマン（甲斐克則訳）『責任原理』（九州大学出版会, 2000年）参照）。刑罰を科すということは, 動物の調教とは本質的に異なるものであることからすれば, 処罰の前提として責任を要求する責任主義は, 時代を超えた当然ともいえる原則である。そして, 責任主義は, 刑の重さ（量刑）を考える際にも重要である。

しかし, 現代社会においては, 責任内容に厳格に固執することなく刑罰を科してよいのではないかという見解も根強く主張されている。それは, 多数の被害者が出て被害者感情が強調される事案の解釈をめぐり, 具体的場面でみられることもある。また, 個人責任が原則であるとはいえ, 企業等の法人犯罪をめぐり, 一般的に法人に犯罪能力を認めるべきか否かも, 議論がある。

法益保護主義　こうして, 行為主義, 罪刑法定主義, および責任主義という3大原則が樹立されたが, 他方で, 刑法の目的は「法益」を保護することであるとする法益保護主義も誕生した。この原則は, 客観主義犯罪論と符合し, 重要な意義を有するが, 保護の側面を過度に強調して,「法益」を抽象的に捉えたり, 法益保護を早い段階に求めたりすると, かえって刑法の予防的側面が前面に出すぎて, 社会生活への刑法の過剰介入をもたらすこともありうる点に注意を要する。法益は, 可能なかぎり明確に把握する必要がある。しかし, たとえば, 環境問題等では, 規制のあり方をめぐり, 見解が分かれる。

したがって, 現代における社会構造の変化が激しい時代において

も，行為主義，罪刑法定主義，および責任主義という近代刑法の3大原則と調和する範囲で法益保護主義を理解することが重要である。

3 現代社会における刑法理論の役割

ある事件が起きて刑事裁判になった場合，有罪とするには，犯罪の成立要件を充足しなければならない。日本の刑法理論では，犯罪論の体系は，犯罪認定を外から内へ，客観的部分から主観的部分へと順次行う。

行　　　為　第1に，犯罪は，行為でなければならない。これは，行為主義の要請である。いかに殺意があっても，外部的行為がなければ，内心だけで処罰はできない。現代社会における新たな諸問題を考える場合も，これが出発点となる。これにより，思想・良心の自由（憲19条）および信教の自由（憲20条1項第1文）も保障されることになる。

構成要件該当性　第2に，ある行為が犯罪となるためには，一定の構成要件に該当しなければならない。これを構成要件該当性という。いかに不法な行為でも，客観的な犯罪類型としての処罰規定がなければ，その行為は，構成要件該当性がない。たとえば，体外受精卵を勝手に持ち出した場合，もしくは故意に破損した場合，その行為が不法であることは間違いないが，現行刑法では，処罰規定がないため，処罰のしようがない。無理やり処罰しようとして窃盗罪や器物損壊罪を持ち出すと，類推解釈となり，罪刑法定主義に違反する懸念がある。このような場合は，速やかな立法解決が望まれる。

また，構成要件の内容として，実行行為がなければならない。い

かに外部的行為があっても，その行為に結果発生の危険性を備えた性質が備わっていなければ，そもそも犯罪とはいえない。たとえば，マムシ酒で人を殺そうと思って与えたところ，かえって元気になったという場合，マムシの毒が酒に入っているわけではないので，そもそも殺人罪の実行行為の適格性を欠く。このような場合を不能犯（不能未遂）という。これに対して，相手を殺害すべく出刃包丁で切りかかったが，相手に致命傷を与えることができなかった場合は，殺人（刑199条）の実行行為はあったので，結果が発生しなくても殺人未遂罪（刑203条）は成立する。もっとも，未遂犯の危険性の判断については，その基準をめぐり争いとなる場合もある。

　さらに，実行行為は，作為の場合もあるし，不作為の場合もある。前者を**作為犯**といい，後者を**不作為犯**という。不作為犯は，真正不作為犯と不真正不作為犯に分類される。真正不作為犯とは，はじめから不作為の形式で規定されている刑法上の義務を尽くさないことをいう。たとえば，幼い子どもが病気であるのに保護すべき親がこれを放置したまま生存に必要な保護をしない場合であり，保護責任者遺棄罪（不保護罪）が成立する余地がある（刑218条）。不真正不作為犯とは，通常は作為の形式で実現されることが多い犯罪を不作為の形式で実現することをいう。たとえば，川で溺れている子どもを，容易に救助可能にもかかわらず親があえて放置して死なせた場合，不作為による殺人罪（刑199条）が成立する余地がある。この場合，結果発生を防止すべき法的義務を作為義務という。しかし，大規模火災，薬害，企業犯罪等の過失犯では，いかなる根拠で誰にいかなる作為義務が課されるべきか，議論が続いている。また，医療問題や児童虐待でも問題となることがあるので考えてみよう。

　最後に，行為と結果との間に因果関係が必要である。因果関係は，故意犯にせよ，過失犯にせよ，様々な場面で問題となる。因果

関係があるというためには，まず，「その行為がなかったならばその結果は生じなかったであろう」という条件関係がなければならない。しかし，条件関係だけで因果関係を確定すると，途中で重大な介在事情があっても，最初に条件関係を作った者は最終結果について常に刑事責任を負うことになりかねず，処罰範囲が広がりすぎることから，これを限定する努力が続いている。そこで，一般的な見解は，行為と結果との間に条件関係があることを前提にして，その行為からその結果が発生したのは経験則上通常（相当）であるとされる場合に限って刑法上の因果関係を認める（相当因果関係説）。もちろん，この立場の内部でも，相当性の判断について理解が分かれる。有力な見解の第1は，裁判時に裁判官の立場に立って，行為当時に客観的に存在したすべての事情，および行為後に生じた事情については経験法則上予測可能な事情を判断の基礎に置いて，突飛な介在事情があった場合に因果関係を否定する（客観的相当因果関係説）。これに対して，第2の見解は，行為当時の事情と行為後の事情とを通じて，行為時に立って，一般人が認識・予見しえたであろう事情，および行為者が現に認識または予見していた事情を判断の基礎とする（折衷的相当因果関係説）。

　いずれの見解に立っても，判断が困難な事例がある。特に過失犯では，介在事情が複数あっても因果関係が肯定された「過失の競合」に関する判例も多数あり，なかなか因果関係が切れないというジレンマがある。最近では，「行為の危険性」と「危険性の現実化」に力点を置いて行為者の仕業(しわざ)を確定し，相当因果関係とは一線を画そうとする見解（客観的帰属論）も有力である。

違法性　第3に，構成要件該当性が認定されても，その行為が違法であるかどうかは，客観的な具体的事情を考慮して実質的に判断する必要がある。これを違法性の判断

という。違法性を阻却する事由があれば，その行為は正当な行為となり，それがなければ違法な行為となる。たとえば，相手が突然殴りかかってきたのでわが身を守るために肘鉄砲で撃退して相手が怪我をした場合，急迫不正の侵害に対する正当防衛として違法性が阻却される（刑36条1項）。これに対して，緊急避難は，崖から岩が落ちてきたのでそれを避けるために近くにいた人を突き飛ばして危難を免れるような場合であり，緊急行為である点で正当防衛と似ているが，正当な第三者に危難を転化する点で異なり，法益のバランスや代替手段の不存在を要求するなど，成立要件も厳格である（刑37条1項）。もちろん，いずれの行為も，わが身を守る行為の程度が過ぎると，過剰防衛（刑36条2項），過剰避難（刑37条1項ただし書き）となり，せいぜい刑の減軽にとどまる点に留意する必要がある。

　また，たとえば，公務員が行う職務行為（警察官の逮捕行為，捜索行為等）は，法令による行為として違法性が阻却される（刑35条前段）。医療の場面に目をやると，人工妊娠中絶については母体保護法が関係し，脳死・臓器移植については臓器移植法が関係してくる。そこには，優越的利益が認められるからである。

　さらに，現代社会において議論が多いのは，正当業務行為（刑35条後段）である。医師による治療行為は，その典型である。患者の利益になるからこそ，人体にメスを入れることも許されるのである。しかし，患者の反対を押し切って強制治療をすることは，原則として違法である。インフォームド・コンセントの重要性が説かれ，患者の自己決定権の尊重が説かれるのは，そのためである。しかし，患者の自己決定権は重要だが，万能ではない。刑法は，同意殺人や自殺教唆・幇助の処罰を規定しており，生命については法益の全面的処分権を国民に認めてはいない（刑202条）。そこで，たとえば，治療行為の延長に位置する終末期医療の場面で，安楽死や尊

厳死（人工延命治療の差控え・中止）と病者の自己決定権の問題がクローズアップされ，また，意思決定が十分にできない高齢者や認知症患者の延命治療も，大きな問題となっている。他方，生殖医療においても，代理出産等の場面で正当業務行為の範囲が問われることになる。それぞれ，本書の関連の章で刑法との関わりを考えてみよう。

その他，本人の承諾が違法性を阻却するかという被害者の承諾や当該行為の違法性が処罰に値するかという可罰的違法性の問題も，現代社会において重要な理論的課題となっている。

責任　第4に，違法な行為でも，行為者に責任がなければ刑罰を科すことはできない。「責任なければ刑罰なし」という責任主義の要請が，ここに深く関わってくる。責任は，行為者の内心に立ち入って判断することになるので，判断が困難な場合が多い。しかし，その分だけ，刑法の中で最も人間的な部分かもしれない。現代社会において，この責任の部分が大きく揺らいでいる。

（1）**責任能力**　まず，責任があるというためには，責任能力（有責に行為する能力）がなければならない。心神喪失者の行為は，処罰されない（刑39条1項）。心神喪失とは，精神の障害により，行為の違法性を弁識する能力，または弁識に従って行動する能力がまったくない状態をいう。この判断は，生物学的（医学的）方法と心理学的方法を用いて行われる。なお，その能力が著しく低い心神耗弱者の行為は，その刑を減軽される（刑39条2項）。しかし，責任能力の有無の判断は，簡単ではない。精神医学ないし精神科医療の知見を用いても，鑑定人の間で見解が分かれることが多い。現代社会では，精神病のほかに，神経症や精神病質（性格異常）に起因する犯罪が注目されることもあるが，実数はそれほど増えているわけ

ではない。かりに責任無能力であっても、その後の治療や社会復帰も視野に入れておく必要がある。また、14歳未満の場合は、責任年齢に達せず、責任能力がない（刑40条）。なお、14歳以上の少年については、少年固有の事情を考慮して、少年法により特別な手続が定められている。本書の関連章で詳細を考えてみよう。

　（2）故　意　罪を犯す意思がない行為は、処罰されない（刑38条1項）。故意とは、構成要件該当事実の認識である。故意には、結果発生を確定的に認識している確定的故意のほか、結果発生を不確実に認識している未必の故意（たとえば、相手が死ぬかもしれないと知りつつあえて行為に出る場合）もある。特に後者は、認定が分かれることもある。

　行為者が表象（イメージ）・認識した犯罪事実と実際に発生した事実の間に食違いがある場合を事実の錯誤という。同一構成要件内の単なる客体の錯誤の事案（たとえば、目の前の人物をAだと思って殺害したらBであった場合）は故意を認めることできる。しかし、構成要件が異なる場合、軽い罪を犯そうと思って重い結果が発生しても、重い罪によって処罰することはできない（刑38条2項）。

　これに対して、方法の錯誤の事案（たとえば、行為者のとった方法の誤りからその意図した殺害の客体Aとは別の場所にいる客体Bに結果が生じた場合）では、表象・認識した内容と発生した事実が同一構成要件内で符合していれば故意を肯定する見解と、表象・認識した内容と発生した事実とが具体的に符合しないかぎり故意を阻却するとする見解とで争いがある。なお、表象・認識内容と発生事実が異なる構成要件に属する場合は、構成要件が実質的に重なり合う範囲で符合を認めるのが一般的見解である。

　さらに、「法律を知らなかったとしても、そのことによって、罪を犯す意思がなかったとすることはできない。」（刑38条3項）とい

うのが現行刑法の立場であるが，行為者が当該行為の違法性を認識していなければならないか，という違法性の意識（の可能性）をめぐる問題も，複雑な現代社会では重要である。法の不知や違法性に関する錯誤の場合，その前提事実に錯誤がある場合，故意を阻却するし，違法性の判断自体の錯誤に相当の理由があれば責任を阻却すると解すべきであろう。その他，適法行為の期待ができない場合は，期待可能性の理論により，超法規的に責任阻却を認める余地をもっと認めてよいのではないだろうか。

（3）**過　失**　過失とは，結果発生の予見可能性があるにもかかわらず注意義務を尽くさず結果回避をしなかった点に責任がある，という見解が一般的である。犯罪は，故意犯が原則であり，過失犯処罰は例外であるが（刑38条1項ただし書き），現代社会においては，量的に過失事犯が故意犯よりも多く，しかも大規模火災・欠陥製品の販売・薬害等の判例を契機に，経営者や公務員の作為義務の問題をはじめ，予見可能性の程度等，質的にも過失犯理論が多様な問題を提起し，それが故意犯理論にも影響を及ぼすようになっている。「人は誰でも間違える」存在であるだけに，処罰さえすればすむ問題ではない。本書でも，自動車事故，医療事故等を取り上げているので，問題点を考えてみよう。

共　犯　2人以上の者が共同して犯罪を行う場合を共犯という。共犯には，相手を必要とする必要的共犯（内乱罪（刑77条）や騒乱罪（刑106条）のような多衆犯，賄賂罪（刑197条以下）のような対向犯）と，それ以外の任意的共犯がある。任意的共犯は，共同正犯（刑60条）と狭義の共犯である教唆犯（刑61条）と幇助犯（刑62条）に分類される。共犯の処罰根拠，多様な共犯形式の解釈，正犯と狭義の共犯の区別をめぐり，議論が錯綜している。正犯の範囲をいかに合理的に画するか，が重要である。

4 現代社会における刑法の課題とゆくえ

加害者の人権と被害者の人権　刑法理論の現代的意義を考える際に，加害者の人権と被害者の人権の双方を考慮することが重要である。刑法は，自由・人権保障機能を担う法である。片方の人権だけを過度に強調すると，その機能が損なわれるおそれがある。いずれの人権も重要であり，両者の調和こそが，現状社会における刑法理論の課題である。そして，国際化の時代においても，この点は自覚しておく必要がある。これらの人権の根底には，「人間の尊厳」の尊重が横たわっているのである。

現代社会における刑事規制の機能と限界　現代社会は，情報社会，リスク社会，テクノロジー社会，高齢社会でもある。生命科学，先端医療，先端技術がもたらす諸問題の中には，従来の刑法の枠組みでは対処困難な事案が次々と登場しつつある。それに対処するには，感情に左右されずに，刑法による法益保護の意義・役割と限界を自覚しつつ，前述の刑法の基本3原則との調和のうえで，最適の刑事規制を考えていく必要がある。法益保護は刑法だけで実現できないので，他の手段でどこまで対応可能か，という点にも配慮する必要がある。

〔参考文献〕（教科書を除く）
平野龍一『刑法の基礎』（東京大学出版会，1966年）
井田良『変革の時代における理論刑法学』（慶應義塾大学出版会，2007年）
山中敬一『犯罪論の機能と限界』（成文堂，2010年）
佐伯仁志『制裁論』（有斐閣，2010年）
ウルリッヒ・ズィーバー（甲斐克則・田中守一監訳）『21世紀刑法学への挑戦』（成文堂，2012年）

【甲斐克則】

第2章 治療行為・医療事故と刑法

■この章で考えること
　治療行為は，社会生活を営むうえで欠くことができないものである反面，患者の生命や身体に対して重大な影響を及ぼす可能性を有する。この章では，このような危険性をともなう治療行為がなぜ正当化されるのか，という問題について考えたうえで，医療事故をめぐる問題について，刑法的側面から考えてみよう。

1 医療の分野への刑法の介入

医療行為の有用性と危険性　近年，医療技術はめざましい進化を遂げ，われわれの生命・健康の維持・促進に大きく貢献している。今日，健康な生活を営むうえで，医療は欠くことができないものとなっている。しかし，治療行為の過程をみてみると，開腹手術の際にメスで切開したり，注射の針を皮膚に刺したりするなど，患者の身体を傷つける行為（治療行為にともなう患者の身体への直接的な傷害行為を，以下「医的侵襲行為」という）をともなうものが少なくない。さらに，治療行為は，患者の身体に重大な後遺症をもたらしたり，場合によっては死をもたらすことすらある。通常，ナイフなどを用いて相手方の身体を切りつけ，これによって相手方に傷害を負わせたり，相手方を死に至らしめたりした場合には，傷害罪や傷害致死罪，場合によっては殺人罪の成立が問題になる。ところが，ほとんどの治療行為は，一般的に正当なものであると解されて

いる。なぜ，患者の身体に傷をつける行為であるにもかかわらず，治療行為は正当なものとして社会に受け入れられているのであろうか。治療行為をめぐる問題に刑法的な観点から取り組むこの章においては，はじめに，この問題について考えてみよう。

治療行為の正当化根拠 医的侵襲の正当化根拠を問う声に対しては，「医師が行う治療行為だから正当化されて当然である」との答えが示されることがある。たしかに，医師によって行われる治療行為の多くは，患者の健康を促進したり，生命を救助したりする目的で行われ，実際に患者の健康に資するものであるから，正当なものと評価されるべきであろう。多くの治療行為については，「医師による治療行為だから」という理由で正当化を認めることができるかもしれない。それでは，「医師による治療行為」であればすべて正当化を認めてよいのだろうか。結論からいえば，「否」である。実際には，医師免許をもった医師が，到底正当な治療行為とは認めがたい措置を施したり，治療措置に際して明らかに注意義務を欠いていると認められるようなケースもあるからだ。医的侵襲行為が「医師による治療行為だから」という理由で正当化されるのであれば，正当化を認めるには疑問が残るこのような治療行為も，有効な医師免許を持った医師が行った治療行為である以上，正当なものであるという結論に至らざるをえない。医師による治療行為であっても，刑法による処罰を科すべきものもある。したがって，医師による治療行為のなかでも，「刑法上正当化を認めるべき治療行為」といえるためには，一定の絞りをかける必要がある。

治療行為の正当化要件 それでは，どのような治療行為を「正当な治療行為」と認めるべきなのであろうか。この点については，わが国においても，古くから議論が戦わさ

れてきた。今日においても様々な見解が主張されているが、一般的に、治療行為が正当化されるためには、以下の要件を充足していることが必要であるとされている。まず第1に、前提として、治療行為を施す必要性がなければならない。治療行為は患者の生命・身体を維持・回復するために必要なものでなければならないのである。第2に、行われた治療行為が医学上一般に承認された基準に則ったものであることが要求される。医学的な観点からみて相当であると認められない治療行為については、原則として正当化を認めるべきではないのである。第3に、医的侵襲の正当化要件として要求されるのは、患者が医師らによる説明を受けたうえで治療行為に対して同意をしていること、すなわち、「インフォームド・コンセント」である。

こうした3つの要件を具備している治療行為については、原則として違法性が阻却され、犯罪の成立が否定されると考えられている。

正当化要件を満たさない場合　「患者の自己決定権」の尊重が声高に叫ばれている今日において、治療行為におけるインフォームド・コンセントは、治療行為の正当化を考えるにあたって重要な位置を占めるものであると考えられている。ここで問題になるのが、患者本人の同意を得ることができない場合である。たとえば、患者本人が自分の身体への医的侵襲行為について適切な判断を下すことができない未成年者や精神障害を負った者であるようなケースが挙げられる。こうした場合には、患者本人が治療行為について適切に判断を下すことができないため、医的侵襲行為に対する患者本人の有効な同意を得ることができない。患者本人の同意を得ていない医的侵襲はすべて傷害罪の成立が肯定されるのであろうか。

そもそも，医療の現場でインフォームド・コンセントが要求される背景には，治療行為を受ける患者本人の自己決定権を尊重するべきであるとの考え方がある。患者本人の同意が得られないケースでは，患者本人の意思を確認することができないので，厳密にいえば「患者の自己決定権」を尊重することはできないようにも思われる。しかしながら，こうしたケースにおいて行われる医的侵襲について，患者本人の同意を得ていないという理由で一律に正当化を否定するのであれば，治療行為に対する同意能力を有さない患者に対する治療行為はすべて犯罪行為となってしまう。

　治療行為の特質から考えても，このような結論はあまりにも不合理である。医師は，法律上，応召義務を負っており，治療行為を要求する患者が目の前にいれば，正当な理由がないかぎりこれを拒否することはできない。また，治療行為は，非常に高度な専門性が要求されるものであるから，治療行為を行う医師にはある程度の裁量権を認めるべきであり，この裁量権の範囲内であると評価される治療行為については，正当化の余地を残しておくべきであろう。

　実際の医療の現場では，患者本人の同意を得ることができないようなケースでは，家族など代理の者の意見を聞いて医的侵襲が行われているようである。この点に関する残された課題として，患者本人の同意を得ることができない医的侵襲の正当化根拠および要件，さらには，患者本人の同意の代わりに要求される代理の者による同意の法的意義が挙げられる。

2　医療をめぐる刑事裁判

民事処分と刑事処分　続いて，医療事故が発生した場合について考えてみたい。医療事故が発生した場合に

とられる処分として，民事処分と刑事処分とがある。いずれも法に基づく処分ではあるが，両者の性格は大きく異なる。①目的，②処分対象，③処分内容，④立証の程度の4点から両者を比較してみたい。

　まず，①目的である。民事処分の目的は，医療機関に対して，患者に発生した損害の賠償を求めることであるのに対して，刑事処分は，国として治療行為を行った医師に刑事責任を追及するべきかどうかを判断することを目的としている。ここから，②処分対象の相違も明らかになる。民事処分では，患者に生じた損害を賠償するために医療機関の開設者・責任者など，治療行為を直接行っていない者も対象になりうるが，刑事処分は，治療行為を行ったその医師にミスや落ち度があったかどうかが問題であるから，原則として，行為を行っていない者は処分されない。ただし，今日においては，ひとりの患者に対して数人の専門医がついて診療・治療を行うという「チーム医療」が広く普及しつつある。これについては後に詳述するが，誰が行った措置に落ち度があったのかという責任の所在，結果を引き起こした原因の究明が困難な場合も少なくない。さらに，③処分の内容も大きく性格を異にしている。民事処分は，個々の判決に基づく損害賠償金の支払いである。これに対して，刑事処分では，懲役や禁錮など，身体の自由を拘束される場合もありうる。こうした理由から，④刑事処分を課すためには，立証の程度も民事処分よりも厳格に要求されている。すなわち，民事処分においては，治療行為を行った医師の行為と患者の身体や生命に生じた損害との間に通常考えられる程度（証拠の優越の程度）の因果関係の立証ができていれば足りるのに対して，刑事処分を課すためには，医師の行為と患者に発生した損害との間の因果関係が存在することを合理的な疑いを入れない程度に立証しなければならないとされている。

医療事故・医療をめぐる刑事事件の推移

医療行為をめぐる刑事訴追件数は、かつてに比べると近年はかなり多くなっている。医療過誤に関する刑事訴追件数を具体的にみてみると、戦後から1999年1月の間の訴追件数が137件であったのに対して、1999年1月から2004年4月までの約5年余りの間では79件もあった。医療事故・医療過誤への司法の介入についても、かつては消極的な判断がされていたが、近年は積極的な判断が下されているものが多くみられるようになってきている。戦前と比較すると、医療をめぐる紛争は、量的に増加しているだけではなく、質的にも変化がみられる。すなわち、かつては技術的事項に関する過誤が中心であったのに対して、近時は、診療過誤（誤診）や治療施行上の過誤（とくに治療処置選択の誤り）、術前の検査・術後の処置などの誤りを問題とするものが多くみられるようになってきているのである。また、近年は、直接診察・治療を行った主治医のほかに、上位の医師や医療機関の最高責任者の責任を追及する動きもみられる。こうした変化の背景として、①被害者・遺族の処罰感情の増大、②「インフォームド・コンセント」や「患者の自己決定権」などの言葉が定着してきたことによる国民一般の権利意識の向上、③マスコミ報道による医療不信の増大、④医師をはじめとする医療行為従事者と患者や家族との人間的な相互信頼関係の希薄化などが指摘されている。

　医療過誤に関する近時の刑事事件としては、横浜市立大患者取違え事件、都立広尾病院消毒剤投与事件、京大エタノール事件、慈恵大青戸病院事件などが挙げられる。医療事故をめぐる多くの刑事事件のなかでも、医療事故に警察・検察が関与し、医療従事者の刑事責任が問われることについて関心が高まる大きな契機となったのは、福島県立大野病院事件であろう。本件は、最終的には無罪判決が下されたものの、帝王切開分娩への対応という、ごく普通の医療

> **コラム2-1　横浜市立大患者取違え事件**（最決2007〔平19〕・3・26刑集61巻2号149頁）
>
> 　入院中の心臓手術患者と肺がん手術患者の2名を病棟看護師が1人で手術室まで搬送し，手術室看護師に引き渡した際，患者の名前が取り違えられて手術室に運ばれたうえ，それぞれの手術を担当した麻酔医，執刀医，助手医，主治医らは，手術の過程において，患者の同一性に疑念を抱かせるような数々の予兆が認められたにもかかわらず，きちんと確認をしないままに手術が行われたケース。
>
> 　これに対して，患者2名の受け渡しを行った看護師2名，手術に関与した執刀医，麻酔医各2名の合計6名が起訴され，最終的に全員が有罪とされた。

行為を担当していた産婦人科医が逮捕されたという点で医療界に大きな衝撃を与えた事件であった。

治療行為と業務上過失致死罪　医療過誤をめぐる刑事事件において主に問題になるのは，刑法211条1項前段の業務上過失致死傷罪である。本罪は，業務上必要な注意を怠ったことによって人を死亡させ，または傷害させるに至った場合に成立する犯罪である。治療行為の場面においては，医師が治療行為を行うにあたって要求されている注意義務を十分に尽くさなかったことによって患者を死亡させ，または後遺症などの傷害を負わせた場合が当てはまる。本罪の成立が肯定されれば，患者が死亡していても，傷害で終わっていても法定刑は同じであり，5年以下の懲役もしくは禁錮または100万円以下の罰金に処せられることになる。

　医療の現場において，患者が死亡したり，後遺症が残ったりするなどの結果が生じた場合，治療行為を行った医師や看護師に業務上過失致死罪または業務上過失致傷罪が成立するかどうかを判断する

にあたっては，次のような点が問題になる。まず，医療に従事する医師や看護師に課されている注意義務の内容を明らかにしておく必要があろう。そのうえで，当該治療行為を行った医師や看護師が注意義務を果たしていたかどうかを判断しなければならない。さらに，仮に医療従事者に何らかの落ち度があったとしても，この落ち度によって患者の死亡や障害の結果が発生したという関係がなければ，注意義務違反について刑事責任を問うことはできない。すなわち，医療従事者の過失（落ち度）と結果との間に因果関係がなければならないのである。

検察官が医療従事者を業務上過失致死傷罪で起訴する場合には，こうした点について「合理的な疑いを入れない程度に」立証しなければならないのである。医療行為をめぐる事件においては，病院側が証拠となる資料の多くを把持しているうえ，医療の専門家ではない検察官の医療に関する専門知識は，当然，医療の専門家である医師には及ばないため，被疑者たる医療従事者の有罪を立証するのは決して容易ではないともいわれている。

3　医療行為をめぐる刑事事件の新たな問題点

チーム医療と刑事責任　従来，治療行為はひとりの患者をひとりの医師が診察・治療をするというのが通常であった。ところが，専門分野の細分化，分業化が進み，ひとりの患者に対して様々な分野の専門家が診断を行い，治療を進めるという「チーム医療」が広く浸透してきた。この「チーム医療」は，各分野に特化した専門家が各々の視点から診断を行うことによって，それぞれの知識を集約して治療を行うことができるというメリットがある反面，携わっている医師同士のコミュニケーション不足

に起因する医療事故が発生するという大きな問題も抱えている。また，不慮の結果をもたらした原因の究明が困難なケースが少なくない。

　チーム医療によって行われた治療行為によって，医療事故や医療過誤が生じた場合，治療行為に従事した者の行為について過失犯の成否を論じる際にしばしば議論の俎上に挙げられるのが，「信頼の原則」である。「信頼の原則」とは，特別の事情がないかぎり，行為者は，被害者または第三者が法規を遵守し，あるいは，適切な行動に出ることを信頼して行為に出てもよく，これらの者による予想外の行為（つまり，法規に違反する行動または不適切な行動）によって，たとえば，生命や身体といった法益への侵害が発生しても，行為者には過失犯は成立しないとする原則のことであり，過失犯の成立範囲を限定する理論である。この理論は，これまで，主に交通事故の分野で用いられてきたが，近年，医療事故をめぐる刑事事件の裁判例においても「信頼の原則」を用いているものが散見されるようになった。

北大電気メス事件　　実際のケースにおいて，「信頼の原則」を用いて医師の刑事責任を否定した裁判例として，北海道大学電気メス事件（札幌高判1976〔昭51〕・3・18高刑集29巻1号78頁）が挙げられる。本件は，北大付属病院で2歳4カ月の患者の動脈管開存症の切断手術が行われたが，手術に用いた電気メスの電流を通す対極板を装着した患者の右下腿部に重度の熱傷が生じ，下腿切断のやむなきに至り，この手術チームのうち電気メスを使った執刀医と電気メスの準備にあたった看護師が起訴された，という事件である。北大付属病院では，手術器具，機材の整備などを行う手術部は診療科とは独立しており，本件手術においても，手術部の看護師が準備し，医師はこの電気メスを用いて執刀した。本件

における主な争点は，①ケーブルの交互誤接続から熱傷の結果が生じるであろうことが事故当時に予見可能であったか，②執刀医が電気手術器を使用するに際し，ケーブルの接続を看護師に任せて自ら点検しなかったことが注意義務に違反しているといえるか，の2点である。裁判所は，看護師については予見可能性・注意義務違反を認めて有罪判決を下した。一方で，医師については，①手術器具の準備は手術部が分担していたのであるから，医師が誤接続について認識をもたず，また，再度点検を行わなかったことについて注意義務違反は認めがたい，②相当の危険性と高度の技術を必要とする手術がチームワークで行われる場合は，各自が担当作業を連帯して処理し，注意を払うことが期待されるから，執刀医はケーブル接続点検の義務は負わないとして，無罪を言い渡した。チーム医療は，各々の医療従事者が自らの任務を正確に行っているという信頼関係のもとで成り立っているとし，「信頼の原則」を適用したものと解される。

刑事訴追にともなう弊害

ところで，医療事故をめぐる刑事事件の増加にともなう弊害として，以下のような点が指摘されている。第1に，医師や看護師などの医療従事者を過度に委縮させるおそれがあるという点である。第2に，医療事故防止という観点から必ずしも望ましくないのではないか，という点である。すなわち，医療事故を発生させた者に厳しい刑事処分を負わせるとなると，医療事故を組織的に隠蔽しようとする可能性があるのではないかと懸念されているのである。事故を起こした医師に厳罰処分を下すことによって医療事故再発防止の効果は期待できないばかりか，医療の世界が不透明になってしまう恐れがあるという指摘である。第3に，これはわが国のマスコミ報道のあり方とも関連するが，社会的制裁の大きさである。逮捕をされても，有罪

判決が下されるまでは,何人も無罪の推定を受けるということは,刑事司法における大原則である。しかしながら,今日のわが国においては,被疑者逮捕の時点でマスコミによって大々的に報じられ,「被疑者逮捕＝有罪確定」かのような印象を国民に与えかねない。とくに,医療行為をめぐる事件において,医師などが被疑者となる事件においては,ことさらセンセーショナルに報じられることが少なくない。そのため,社会的制裁が先行し,後に裁判で無罪判決を得たとしても,その者が社会復帰ないし職場復帰することが困難になってしまうことがありうる。医師が被疑者として逮捕された場合,この医師にかかっていた患者が放置され,代替の医師を急遽探すことも容易ではないという余波も看過できない問題である。

　こうしたことから,刑事規制の強化によって医療体制を変えることには限界があるのではないかという指摘がなされている。また,刑法の謙抑性・最終手段性という観点からも,医療の分野に刑法が広く介入することは妥当ではないのではないかという声もある。刑法は,人の身体の自由を制限したり,場合によっては生命すらも奪う過酷な制裁である。したがって,刑事規制の発動はできるだけ慎重に判断をしなければならず,刑法以外の法（民法や行政法）による規制で足りる場合には,それらの法に解決を委ねるべきなのである。また,問題が発生した場合の事後処理だけではなく,事前に体制を強化しておくことも重要であろう。たとえば,日本医師会や学会による自主規制の強化や,行政機関によるモニタリングの強化,さらに,医療機関自身による体制を整備し,ヒヤリ・ハットケース（重大な事故には至らなかったものの,場合によっては事故に直結したかもしれないケース）発生時の原因調査や申告・内部告発者保護制度の整備などを充実させることも考えうるひとつの対策であろう。時代の流れに沿った政策の整備,法の充実,とくに,刑罰以外の制裁手

段の活用の検討が急務であろう。

4 医療をめぐる近年の動向と今後の展望

医療をめぐる近年の動きとしては，次のようなものが挙げられる。2005年9月から厚労省の委託事業として「診療行為に関連した死亡の調査分析モデル事業」が開始され，また，参議院厚生労働委員会（2006年6月13日）および衆議院厚生労働委員会（2006年6月16日）において，安全で質の高い医療の確保・充実に関する各決議がなされた。これらの動きを受けて，2007年4月から「診療行為に関連した死亡に係る死因究明等の在り方に関する検討会」が立ち上げられ，検討が進められている。

医師は，医師法において応召義務を負っており，患者に治療を求められれば，正当な理由がないかぎりこれを拒否することができない。治療行為によって望まざる結果を招いてしまった場合，最善を尽くして治療行為を行ったにもかかわらず刑事責任を問われるというのは不合理であると考えるであろうから，治療行為を行う医療関係者が刑事処分について否定的なのは当然であろう。

医療という高度の専門知識が要求される分野においては，専門家である医師にある程度の裁量の余地を認めるべきである。そうである以上，医師がその裁量権の範囲内で行った行為については，刑法の適用の是非を慎重に判断するべきである。その一方で，医療の名のもとに，到底適切とは認められない措置が行われているという現状もある。こうしたケースについては，厳しく対処をするべきである。しかし，その場合でもやはり，刑法の謙抑性・最終手段性という点は忘れてはならない。刑法は法益を保護するためのものであり，倫理的秩序を維持するためのものではないからである。刑法

は，たしかに，社会倫理・道徳と密接に関係しているものであるが，これらとは明確に区別されなければならない。問題は，どのような法益の侵害，またはその危殆化が認められる場合に刑法を発動するべきか，という基準である。こうした基準を明らかにすることこそ，医療の分野において刑法が担うべき役割であるように思われる。医療をめぐる今日的な課題は山積しているが，それぞれの問題について，こうした観点から解決を図る必要があろう。

〔参考文献〕
甲斐克則『医事刑法への旅Ⅰ〔新版〕』（成文堂，2006年）
大谷實『医療行為と法〔新版補正第2版〕』（弘文堂，2004年）

【田坂　晶】

第3章 生命の発生と刑法

■この章で考えること

　生殖医療技術の進歩により，生命の発生過程に様々な形で人為的な介入が可能となった。このことは，難病治療に大きな希望を与えた反面，未出生の生命への法的保護のあり方や生命発生への法の関わり方をいま一度考え直す契機となる。本章では，生命発生に関する諸問題を法的，とくに刑法的観点から考えてみよう。

1　生殖補助医療の現状

概説　生殖補助医療とは，不妊症の診断や治療のための医療技術であり，人間の生命の発生に人為的な補助を行うものである。代表的な技術としては，人工授精，体外受精・胚移植が挙げられる。日本産科婦人科学会の報告によると，2009年に体外受精により出生した子どもは26,680人（日本産科婦人科学会雑誌63巻9号（2011年9月）1890頁参照）であり，同技術は広く普及した不妊治療法といえる。しかし，生殖医療は，その急速な進歩により，難治性不妊の治療に大きな成果をあげている一方，新たな倫理的諸問題を発生させ，現在では，十分な規制の不存在が問題視されている。

問題点と刑事規制　このような倫理的諸問題として，第3者からの配偶子提供，死後生殖，代理懐胎，余剰胚の発生（第5章参照），出生前診断，着床前診断などが考えられる。

（1） **第3者からの配偶子提供**　精子提供による非配偶者間人工授精，精子または卵子提供による体外受精，そして提供胚の移植がある。ここでは，主に，親子関係が不明確になることから，「子の福祉」への影響が問題となる。「子の福祉」は，生殖医療技術を規制する場面での重要な根拠であり，「子の最善の利益」や「子の幸福」と同じ内容をもつといわれている。その具体的内容は，配偶子提供，死後生殖や代理懐胎など状況に応じて考慮せざるをえないが，子が最善の環境で生まれ成長するように配慮することが重要となる。

厚生科学審議会先端医療技術評価部会生殖補助医療技術に関する専門委員会による「精子・卵子・胚の提供等による生殖補助医療のあり方についての報告書」（2000年12月，以下「委員会報告書」という）および厚生科学審議会生殖補助医療部会による「精子・卵子・胚の提供等による生殖補助医療制度の整備に関する報告書」（2003年4月，以下「部会報告書」という）は，「法律上の夫婦」に限って精子・卵子・胚の提供による生殖補助医療の実施を可能とし，子どもの「出自を知る権利」も認めたが，日本産科婦人科学会会告（「胚提供による生殖補助医療に関する見解」）は「子の福祉を最優先すべきである」および「親子関係が不明確化する」という論拠から胚提供を認めていない。

（2） **死後生殖**　凍結保存技術の進歩により，精子の長期間にわたる保存，さらには夫の死後にもその精子を用いた人工授精が可能となった。ここでは，子と死亡した父との親子関係の有無という問題が存在するが，まずは，死後生殖という事実が物理的に，そして精神的に子にどのような影響を与えるかが慎重に検討されなければならない。

日本産科婦人科学会会告（「精子の凍結保存に関する見解」）は，凍

結保存精子を使用する場合にはその時点で本人の生存と意思を確認すること，および本人が死亡した場合には凍結精子を廃棄することを明記しており，死後生殖を禁止する。

（3） **代理懐胎**　代理懐胎には，夫婦の体外受精卵を妻以外の女性の子宮へ移植する方法と夫の精子を用いて妻以外の女性に人工授精する方法がある。上記の委員会報告書および部会報告書は，人をもっぱら生殖の手段として扱う点，第3者に妊娠・出産という多大なリスクを負わせる点，そして生まれてくる子の福祉という点から代理懐胎の禁止という結論に至り，また，日本学術会議（生殖補助医療の在り方検討委員会）による「代理懐胎を中心とする生殖補助医療の課題——社会的合意に向けて」報告書（2008年4月，以下「代理懐胎報告書」という）では，代理懐胎を原則禁止とする法律による規制，さらに営利目的での代理懐胎は処罰をもって禁止することが提案されている。

| 刑事規制の適否 |

生殖補助医療は，新たな生命を発生させる技術であることから，生まれてくる子の福祉など，当事者夫婦の自己決定だけでは解決できない倫理的および法的問題を含むものである。実際に，裁判では，親子関係の存否が争点になることもある（最判2006〔平18〕・9・4民集60巻7号2563頁，最決2007〔平19〕・3・23民集61巻2号619頁参照）。現在のところ，生殖補助医療の実施に対する規制は，学会による自主規制という形で行われている。たとえば，安全で質の高い医療を提供するため，生殖補助医療実施施設は日本産科婦人科学会に対する登録（有効期限5年間，登録継続には厳正な更新審査がある）を義務づけられ（「生殖補助医療実施医療機関の登録と報告に関する見解」），また死後生殖や代理懐胎も学会会告により禁止される。しかし，学会会告による自主規制は，生殖医療という専門性の高い事象を規制でき，医療技術の急速な進歩に

も柔軟に対応できる反面,学会員以外には拘束力を持たず,違反者に対しては学会による処分という内部制裁のみであること,さらに学会が任意団体であることから,その実効性には問題がある。そこで,上記委員会報告書および部会報告書では,配偶子提供による生殖補助医療の実施につき,罰則を伴う法律以外の方法で「法律に基づく指針等規制の実効性を担保できる」態様による規制が,また代理懐胎報告書では代理懐胎の法律に基づく原則禁止が提案されている。

とくに,代理懐胎に関しては,部会報告書で刑罰を伴う法律による禁止が提案されており,その可罰性について議論が行われている。確かに,妊娠・出産は女性にとって一定のリスクを有するものであるし,当事者の環境によっては十分なインフォームド・コンセントによる真の自己決定が困難な場合も考えられる。また,最も重視しなければならない「子の福祉」の観点からも,当事者の希望に沿わない状況が発生した場合の子の引渡し拒否や引取り拒否等の様々な事態が子に与える影響を考慮して,適切な規制は必要である。

しかし,その規制方法を,学会等による自主規制とするか,または国家レベルでの規制とするか,さらには国のガイドラインに基づく規制とするか,法律による規制（法律に基づくガイドラインも含む）とするか,または刑罰を伴う法律の規制とするかは,規制対象の専門性,規制の有効性・実効性,侵害利益の内容・侵害の程度等を考慮して慎重に検討されなければならない。刑法は法益の保護を目的とするが,犯罪者の自由や財産を剥奪しうる最も峻厳な手段であることから,法益の侵害や危殆化が直ちに刑法を発動させるわけではなく,刑法による規制は謙抑的であること,そして法益を保護するための最終手段として用いられることが要求される。したがって,

当該法益の保護には，刑法による規制が相当かつ必要で適合したものであり，他の手段では保護できない場合でなければならない。

代理懐胎は，生命への侵害ではなく生命を生み出す行為であり，代理懐胎者や子の身体・健康に対しても，通常の妊娠に比べて高度な代理懐胎固有のリスクは実証されていない。また，ある特定の不妊症に苦しむ夫婦が少なくともパートナーの一方と血縁関係にある子を希望する願いは誰もが理解でき，このような願いから行われる代理懐胎が通常の妊娠よりもつねに重大な侵害結果を子に対して引き起こすかは不明である。確かに，（推測される）子への精神的・物理的負担は放置されるべきではないが，そのような「子の福祉」への影響が刑罰による禁止を正当化しうるかは疑問である。

代理懐胎報告書は，「営利目的による代理懐胎」に対してのみ，施行医，斡旋者や依頼者の処罰を予定する。しかし，第3者による代理懐胎が無償で行われることはほとんど考えられず，無償で代理懐胎を行う姉妹や母親等がいる夫婦のみを処罰対象から外す結果になるのであれば，そのような規制は賛同し難い。「懐胎者の被る負担において利益を得る行為の処罰，懐胎者を搾取する行為を処罰することは必要かつ合理的である」と述べ，「営利目的」が「有償」を意味するわけではないとされるが，その線引きは非常に困難であろう。

2　未出生の生命の保護──人工妊娠中絶

人工妊娠中絶をめぐる現状　（1）**堕胎罪と人工妊娠中絶**　刑法212条以下では，胎児の生命・身体を保護するため，自己堕胎罪，同意堕胎罪や業務上堕胎罪等が規定され，妊婦からの嘱託により堕胎した医師，さらに堕胎した妊婦自身も処罰される。それに

対して，母体保護法（2条2項，14条）は，一定の要件のもとで堕胎行為を「人工妊娠中絶」（以下「妊娠中絶」という）として許容する。すなわち，「胎児が，母体外において生命を保続することのできない時期に」（現在では，妊娠満22週未満），「妊娠の継続又は分娩が身体的又は経済的理由により母体の健康を著しく害するおそれのある」場合（医学的適応事由，社会・経済的適応事由），または「暴行若しくは脅迫によって又は抵抗若しくは拒絶することができない間に姦淫されて妊娠した」場合（倫理的適応事由），本人および配偶者の同意を得たうえで，指定医師が妊娠中絶を行う。

（2）**規範と事実の乖離**　現行法では，堕胎行為は刑法により原則上禁止され，母体保護法の適応事由にあてはまる例外的状況においてのみ妊娠中絶として許容される（正当化事由と解される）。母体保護法を厳格に適用すれば，適応事由（特に経済的適応事由）による妊娠中絶の許容はそれほど容易ではないが，現在のところ，この要件のきわめて緩やかな運用が黙認され，年間多くの妊娠中絶が行われている（平成22年度では21万2665件の実施が報告されている。厚生労働省「衛生行政報告例」参照）。したがって，実際上，胎児の生命を侵害した場合の原則的な堕胎罪による処罰はほとんど行われず，妊婦が希望し「胎児が，母体外において生命を保続することのできない時期」であれば，ほぼ全面的に妊娠中絶が許容されるといった状況にある。このような「規範と事実の乖離」は，胎児の生命・身体の保護への法の態度を曖昧にしており，いま1度，妊娠中絶規制のあり方についての検討が必要となろう。

規制モデル　妊娠中絶規制については，「適応事由モデル」と「期限モデル」が主な規制モデルとして存在する。

（1）**適応事由モデル**　「適応事由モデル」は，一定の適応事由

にあてはまる場合,女性の要求に応じて,医師による妊娠中絶を許容するものであり,母体保護法もこの規制モデルを採用している。母体保護法は医学的適応事由,社会・経済的適応事由および倫理的適応事由を規定するが,これ以外にも胎児性適応事由(胎児の先天性障害を理由として妊娠中絶を許容する場合)が考えられる。許容要件である適応事由状況の存否は,医師等の第3者によって認定されなければならない。

(2) 期限モデル 「期限モデル」は,妊娠後一定の期間内であれば,中絶理由を問うことなく,女性の要求に応じて医師による妊娠中絶を許容するものである。母体保護法は「適応事由モデル」を採用しているが,経済的適応事由の広い運用から,事実上,妊娠満22週を期限とする「期限モデル」とほぼ同視できる状況にある。「期限モデル」では,妊娠中絶の許容が第3者の審査に付されることなく,女性の自己決定が最大限に尊重される。

(3) 妊娠中絶規制の困難さ 「胎児の生命」は重要な法益であり,この法益を守るため,妊娠中絶が回避されるべきであることはいうまでもない。上記の規制モデルにおいて,一般には,「適応事由モデル」の方が,適応事由の当てはまる例外的な場合のみ妊娠中絶を許容することから,「胎児の生命」をより尊重した規制モデルといえるが,実際には,医学的適応事由に妊婦の精神的健康を害する場合が含められていたり,社会・経済的適応事由が拡大適用されていたりなど,その許容要件が限定機能を有していない場合も多い。したがって,事実上,いずれの規制モデルにおいても,妊娠初期の妊娠中絶を規制する機能はそれほどないように思われる。

しかし,妊娠中絶の(刑罰による)法的禁止が胎児の生命保護に適さないことは古くから指摘されている。女性と胎児の特殊な共生関係は,妊娠・出産さらに養育という過程で身体的にも精神的にも

様々なリスクを女性に負わせ、妊娠中絶の禁止が単に「他者を侵害しない」という法的義務に尽きるものではないこと、さらに妊娠中絶の背景には、女性にとって子どもを産めない環境や胎児の父親など周囲の者の利益が複雑に関係しており、妊娠中絶の選択が必ずしも女性1人の都合ではないことから、刑罰による妊娠中絶の禁止が深刻な葛藤状態にある女性をさらに追い込み、自殺や闇堕胎、そして国外への堕胎ツアーなどの手段に走らせたことは周知の事実である。以上のような背景事情が改善されないまま、刑罰により女性にのみ妊娠の継続を強制することはできないであろう。

（4）　相談モデル　　そこで、近年、妊娠中絶の回避のためには、必ずしも刑罰による妊娠継続の強制が有効なわけではなく、女性の利益・主体性を尊重し女性を保護することによってのみ胎児も保護されうるとの方向性が主張されている。ここでは、「相談モデル」への移行をはかったドイツの妊娠中絶規制が参考になろう。すなわち、妊婦は中絶手術前に「相談」を受けることが義務づけられるが、妊娠中絶をするか否かについての最終的な決定を妊婦自身が下すことができ、受胎後12週以内に妊婦の要求に応じて医師により実施された妊娠中絶は処罰されない。ここで、重要な役割を果たす「相談」では、胎児も固有の生命権を有することや妊娠継続・養育のために必要な援助などの情報が女性に伝えられ、また胎児の父親や女性の意思決定に影響を与えうる人々も（妊婦の合意のもとに）相談に参加することにより、女性が妊娠中絶を行うか否かについて責任ある決断を行えるよう、その責任意識の強化が目指される。この「相談モデル」の根底には、「処罰に代えて援助を」との基本理念があり、妊娠中絶の回避について成果をあげていることが報告されている。

（5）　未出生の生命の法的地位　　現行刑法では、すでに出生した

人間の生命と未出生の人間の生命との間には，殺人罪の客体である「人」と堕胎罪の客体である「胎児」として，著しい保護の格差がある。また，上述のように，母体保護法は「適応事由モデル」を採用するが，その運用がきわめて緩やかであることから，生命保続可能性のない妊娠22週未満であれば妊婦および配偶者の同意により妊娠中絶が可能となる。確かに，妊娠中絶規制には特有の困難さがあり，刑罰による禁止が適さないといえるが，未出生の生命への侵害が広く許容され，胎児の生命が妊婦やその周囲の人々の諸利益に対して大きく後退させられていることは否定できない。未出生の生命の保護に対する法のこのような立場は，出生前診断や着床前診断についての検討に際しても，各々の特殊状況を考慮しながら，その基礎に置かれなければならないであろう。

3　未出生の生命の保護——出生前診断と着床前診断

　生殖医療技術の進歩は，未出生の生命の保護に関して，出生前診断と選択的妊娠中絶，さらに着床前診断と診断結果による受精卵の廃棄という問題をも発生させた。これらはともに，未出生の生命への侵害という側面だけでなく，診断結果による生命の選別という側面も有していることから，より一層の慎重な検討が必要となる。

出生前診断と選択的妊娠中絶　出生前診断は，胎児の疾患や異常を胎内にいる時から発見し治療できるという利点を備えたものであるが，実際上は診断ができても治療法のない疾患が多く存在し，その場合妊婦は妊娠を継続するかまたは妊娠中絶を受けるかの深刻な葛藤状態に陥ることになる。

（1）**母体保護法による正当化**　このような妊娠中絶が，胎児性適応事由のない母体保護法下で正当化されうるかは疑問である。確

かに，診断結果に基づく妊娠中絶も経済的適応事由により許容できるとする見解も存在し，実際上もそのような運用がなされていると思われる。しかし，上記適応事由は妊婦の健康を保護する観点から規定されており，胎児の疾患や障害を想定していない。要件を厳格に解すれば，胎児の存在が経済的にも身体的にも妊婦の健康を著しく害するほどまで影響を及ぼすとはいえない場合も認められる。

（2）**裁判例**　胎児の疾患・障害を理由とした妊娠中絶への法の態度に関して，妊婦が妊娠初期に風疹に罹患したことについて適切に診断せず，その風疹罹患が胎児へ及ぼす影響について十分に説明しなかった医師に損害賠償を命じた裁判例が参考になろう。説明義務を怠ったとして医師が損害賠償を命じられていることから，胎児の疾患・障害を理由とした妊娠中絶が法的に認められるとする見解もあるが，実際にはそれぞれの裁判例においてその損害の理由づけは異なっている。確かに，東京地判1979〔昭54〕・9・18判時945号65頁および東京地判1983〔昭58〕・7・22判時1100号89頁は，「医師から適切な説明等を受け妊娠を継続して出産すべきかどうかを検討する機会を与えられる利益」を両親が有することを認め，また，風疹罹患が胎児に与える影響を両親が適時に説明された場合，そのことに起因する妊娠中絶も法的に許容できると解していた。しかし，東京地判1992〔平4〕・7・8判時1468号116頁および前橋地判1992〔平4〕・12・15判時1474号134頁では，このような妊娠中絶が優生保護法上の正当化事由に該当するかについては否定的な態度を示しており，また，前橋地判は両親に対して障害児を出産するかどうかの選択利益を認めず，慰謝料の根拠としては「障害児の出生に対する精神的準備ができたはずである」にもかかわらず，被告医師の誤診によりその利益が侵害されたことを精神的苦痛として挙げる。

上記の4判決は，医師に対して妊婦の風疹罹患の有無についての適切な診断義務，および先天性風疹症候群が子どもに発生する危険性等の説明義務を課し，その義務の懈怠を理由に慰謝料の支払いを命じるものであるが，その法的根拠は，「両親の出産を検討する利益の侵害」から「障害児の出生に対して精神的準備をする利益の侵害」へと変化する（京都地判1997〔平9〕・1・24判時1628号71頁，東京高判2005〔平17〕・1・27判時1953号132頁も参照）。たとえ医師に説明義務を課すことによって事実上は両親が妊娠中絶を選択でき，そのことが社会的に黙認されるとしても，現行法上それが法的に正当化されたものと解するのは困難である。このことは，出生前診断および診断結果に基づく妊娠中絶についてもいうことができよう。

（3）　**学会による自主規制**　　現在，出生前診断は日本産科婦人科学会「出生前に行われる検査および診断に関する見解」（2011年6月改定）および日本医師会「医療における遺伝学的検査・診断に関するガイドライン」（2011年2月）に基づいて行われている。この会告・ガイドラインは，出生前診断には医学的にも社会的および倫理的にも留意すべき多くの課題があることを指摘したうえで，十分な専門知識を持った医師による実施，適正な遺伝カウンセリング体制，そして妊婦や夫（パートナー）のインフォームド・コンセントを必要とする。また，遺伝カウンセリングは「情報提供だけでなく，患者・被検者等の自律的選択が可能となるような心理的社会的支援が重要であることから，当該疾患の診療経験が豊富な医師と遺伝カウンセリングに習熟した者が協力し，チーム医療として実施することが望ましい」とされる。

着床前診断と受精卵の廃棄　　着床前診断とは，体外受精において受精卵を母体へ移植する前に，遺伝性疾患を発症する可能性があるか否かを遺伝子診断するものであり，最終的には遺伝性疾

患を発症しないと診断された受精卵を子宮に戻し，健康な子を出生させようとするものである。したがって，疾患遺伝子の存在等が認められた場合，両親の判断に基づいて，その受精卵は廃棄される。

　ここでは，出生前診断と同様に未出生の生命への侵害や診断結果による生命の選別という側面が問題となるが，それに加えて，着床前診断を行うために体外受精を行っているという点，とくに診断結果による廃棄の可能性を前提として生命を人為的に発生させるという点も問題となろう。ただ，着床前診断を行うことによって，その後の出生前診断や妊娠中絶を回避することができる。

　現在，着床前診断も，学会会告により規制されている。日本産科婦人科学会「着床前診断に関する見解」では，診断の実施を希望する者や施設からの申請に基づいて個別的に審査し，要件を充たした場合に認可を与えるという体制が採られている。「重篤な遺伝性疾患児を出産する可能性のある，遺伝子変異ならびに染色体異常を保因する場合」や「均衡型染色体構造異常に起因すると考えられる習慣流産（反復流産を含む）」が適用対象とされ，現在までに適用が承認された疾患はデュセンニュb型筋ジストロフィー，副腎白質ジストロフィー，オルニチン・トランスカルバミラーゼ（OTC）欠損症，筋緊張性筋ジストロフィー，ミトコンドリア遺伝子病のLeigh脳症，習慣流産（均衡型転座保因者）である。また，実施には，当該夫婦のインフォームド・コンセントや遺伝カウンセリングが重要となる。

　同診断が未出生の生命という重大な法益を扱う技術であることや社会的にも多くの問題点が指摘されている技術であることから，このような技術の規制を専門的な任意団体の会告に委ねるよりも，より明確な国家による規制が必要との見解も存在する。ただ，その場合でも，法律とするか，またはガイドラインとするかで実効性に違

いが生じるが，とくに，刑事規制には妊娠中絶規制との整合性から謙抑的でなければならないであろう。

生命の選別への倫理的批判 出生前診断や着床前診断を希望する当事者夫婦の願いは，決して理解できないものではない。しかし，両診断の規制のあり方を検討するにあたって，未出生の生命への法的保護という観点だけでなく，両診断がもたらす社会的効果という観点も考慮されなければならない。

ここでは，とくに診断結果に基づく生命の選別という点が問題となる。しばしば，診断の実施には優生思想が潜んでいるとの批判が述べられ，重篤な遺伝性疾患や障害をもつ人々への影響・社会的差別，さらに，ある特定の疾患遺伝子を持つ夫婦に対して両診断を強制する社会的圧力の可能性も指摘されている。この指摘は重要であり，慎重に検討されなければならない。少なくとも当該夫婦のインフォームド・コンセントやカウンセリング体制の十分な整備や診断の過度な拡大・濫用を明確な規制で制限するといった対応が必要となることはいうまでもない。

〔参考文献〕
甲斐克則『生殖医療と刑法』（成文堂，2010年）
石川友佳子「生殖医療技術をめぐる刑事規制（一）」，「生殖医療技術をめぐる刑事規制（二・完）」法学（東北大学紀要）第70巻6号18頁，第71巻1号128頁
石川友佳子「着床前診断に関する一考察」齊藤豊治・青井秀夫編『セクシュアリティと法』（東北大学出版会，2006年）141頁

【石川友佳子】

第4章 終末期医療と刑法

■この章で考えること
　医的侵襲には患者の同意を必要とし，他方で刑法202条は同意殺を禁ずるが，終末期における生命維持と両立しない患者の自己決定に対し，医師はどのようにかかわるべきか，また患者の意思が明確でない場合はどうとりあつかうべきか，について考えてみよう。

1　医師の治療義務と患者の自己決定の相克

　医師の役割は，病苦にある患者を救助・支援することである。その社会的役割は非常に重要で，医師法上も応召義務（19条）が定められており，医師は患者の診察・治療の求めに原則として応じなければならない。また，医療行為は身体に侵襲を加える危険な行為であり，知識と技術に裏打ちされた高い専門性が要求される。したがって，医師の行う医療行為は，患者の同意のみでは正当化されず，医学的適応性・医術的正当性を備えていることが必要である（第2章参照）。

　しかし，人生のおわりの段階においては，患者が自身の生命維持よりも他のことに価値を見いだし，そちらを優先するよう医師に要求することも考えられる。患者意思を優先した場合，患者の死期が早められることがありうる。しかし，上述のように医師の治療行為が患者の同意のみでは正当化されないこと，刑法202条が同意殺人・自殺幇助を禁じていること，さらに医師の使命が患者の生命維

持・救命にあるとすれば医師の職業倫理にも抵触しかねないことを考慮すると、医師は、法的にも倫理的にも患者の希望と自己の義務との相克のなかで苦しい対応を求められることになる。

ここで問われるのは、患者の自己決定がその人をその人たらしめる重要な権利であるとして、その権利はどこまで及ぶのか、そもそもそのような自己決定は可能なのか、医師の責務において生命維持が至上命題なのか、といった問題であり、それが法解釈あるいは法政策にどのような影響をもたらすかということである。以下、終末期にかかる事件の判例や問題状況を紹介し、考えてみることとしたい。

2　安　楽　死

定　義　　終末期には、肉体的苦痛を伴う場合がある。それは物理的な痛みだけではなく、やり場のない倦怠感や吐き気、息苦しさなども含む。患者がそうした苦痛が続くことを拒否して、積極的な延命措置を差し控えることによって死期が早まる場合のことを消極的安楽死という（これについては、患者の意思に反する治療行為を行う義務が医師にない以上、法的責任は生じないと考えられているが、後述 **3** 尊厳死の議論ともかかわる）。

つぎに、苦痛を緩和するケア（疼痛治療・緩和ケア）が継続される場合、通常麻薬や鎮痛剤・ステロイドが用いられるが、そうした薬剤の段階的使用により副作用を生じ、死期が早められる場合を間接的安楽死という。さらに、そのような薬剤による苦痛の除去が見込めない場合に、積極的に殺害することによって苦痛から解放することを積極的安楽死という。

間接的安楽死は、正当化根拠について争いはあるが、適法である

とされることに異論はない。患者本人の真摯な同意を前提として，苦痛からの解放を望む患者の緊急状況と，苦痛への対処を迫られる医師の緊急状況，苦痛緩和がこれまでと同一の行為態様（麻薬・鎮痛剤の投与）でなされるといった諸事情を総合考慮して刑法37条1項を準用し，生命維持利益より苦痛除去利益が優越すると解することができる。

　問題は，積極的安楽死の場合に違法性阻却の余地があるかということである。以下判例を紹介し，その論点について検討する。

判　　例　　安楽死に関する重要な判例は，名古屋高判1962〔昭和37〕12・22高刑集15巻9号674頁，横浜地判1995〔平成7〕3・28判時1530号28頁（東海大学安楽死事件）である。

　名古屋高判は，死期が迫り激痛に苦しみ「殺してくれ」と叫ぶ父親に，息子が牛乳に有機燐殺虫剤を混入し，事情を知らない母親を介して飲ませ死亡させたという事案につき，安楽死が許容される要件として，①病者が不治の病に冒され，死が目前に迫っていること，②病者の苦痛が甚だしく，何人も真にこれを見るに忍びない程度のものであること，③もっぱら病者の死苦緩和の目的であること，④病者の意識が明瞭で意思を表明できる場合には，本人の真摯な嘱託又は承諾のあること，⑤医師の手によることを本則とし，これにより得ない場合にはその特別の事情が認められること，⑥倫理的に妥当な方法によること，を挙げた。この6要件の特徴は，患者の現実的意思が必ずしも必要でなく，手段の倫理性・妥当性を重視しており，患者本人の主体性よりむしろ，「見るに忍びない」という行為者側からの視点，人道的観点からの正当化が試みられていたことにある。

　しかし，その後患者の権利や自己決定権の思想が広まり，東海大

学安楽死事件判決は、そうした背景をふまえ、新たな要件を提示した。すなわち、末期ガン患者が意識を喪失し苦悶様呼吸をする状態であったところ、被告人である医師が患者長男らの強い要請により治療を全面的に中止し、最終的に塩化カリウムを注射して患者を死亡させたという事案において、①耐え難い肉体的苦痛、②死が不可避で死期が切迫、③苦痛緩和除去に方法を尽くし代替手段がないこと、④生命の短縮に対する患者の明示の意思表示があること、という4要件を示した。苦痛除去・緩和の代替手段がない状況では生命短縮の選択が許されるが、それは患者の自己決定にゆだねられるとして、④の要件を明示したのである。

違法性阻却か責任阻却か　刑法202条は、生命という保護法益を本人が放棄していても、それを害することを禁じている。生命は個人法益であるが、人は社会的な存在でありその処分には内在的制約があるとみるべきである。それゆえ、たとえ本人の同意があっても、その生命侵害に他者が関わることには違法評価が下される。

　しかし、死が間近に迫って激しい苦痛に苛まれているという極限状態においては、患者本人が自己決定権にもとづいて「苦痛に満ちたわずかな生」と「苦痛からの解放＝生命の短縮」とを比較衡量し、選択したことを尊重し、違法性を阻却すべきであるという考え方がありうる。東海大学安楽死事件判決もそのような趣旨と思われる。

　しかし、違法性阻却の余地を認めるべきか（認める必要があるか）どうかは、なお検討を要する。「苦痛除去の代替手段がない」かどうかは、医療施設間格差が否定できない以上、基準としては不安定である。また現在かなり疼痛治療が発達し、苦痛がとれない場合はセデーション（緩和的鎮静）が行われる以上（後述）、明示の意思表

示はなしえず，上記 4 要件が満たされる状況はほぼ想定しえないのではないか。それでも，とくに，患者に同情する近親者等がぎりぎりの状況でやむなく殺害に及んだといった場合には，適法行為が期待できない心理状態であったとして責任減少・阻却を認める余地はありうるであろう。

のこされた問題 安楽死を合法化している国はオランダをはじめ複数存在するが，現在緩和ケアの発達により，麻薬等の使用によって生命が短縮されることはほぼないとの指摘が医療者からなされている。だとすれば，上記のような問題状況が出現する可能性は実際には低く，安易な違法性阻却はさらなる緩和ケアの発展を妨げるおそれもある。個人主義とホームドクター制度が浸透しているオランダと，わが国の議論を安易に同じ土俵に乗せるべきではないように思われる。

　ただ，疼痛治療が発達しても，なお終末期の苦痛がまったく絶無でないことを考えると，問題は残る。痛みがとれない場合には，鎮静薬により意識レベルを下げ苦痛を感じなくさせるセデーションが行われる。セデーションが行われるのは，ほかの疼痛コントロール手段がなくなり，いよいよ死期が迫った段階であって，セデーションを開始すればほぼ不可逆的に意識を落とすことになるのだとすれば，積極的安楽死と間接的安楽死の境界は医師の主目的のきわめて微妙な相違でしかない。しかし，それで同意殺の可能性を問われるとすれば，緩和ケアを行う医師に過大な負担をかけることになる。そこで，ガイドラインに則った行為であれば訴追しない等の運用がなされるべきであろう。

3　尊厳死（人工延命治療の差控え・中止）

定義と問題の所在　医療技術が発達した現在，より現代的な問題として問われるのが尊厳死である。人工呼吸器等に代表される人工延命装置が発達した結果，昔なら自然に死を迎えていたはずの状態の人でも，そうした機械の力で生きながらえさせることが可能となった。そうした機械によって管理され生かされる不自然な状態に抵抗し，自分が終末期をどのように生き，どのように最期を迎えるか，自分で決定することが認められるべきではないか，人工延命治療を拒否し，医師が患者を死にゆくにまかせることを許容するべきか，がここでは問われる。安楽死と異なるのは，必ずしも死期が切迫しているとは限らない点，多くの場合，患者の判断能力が失われ，真意や苦痛の有無を必ずしも確認できない点である。

これはあくまでも「死なせてもらう権利」ではなく，「自分の最期をどう生きるかを決定する権利」として語られる問題だが，患者の自己決定が死に直結しうる以上，人工延命装置を中止する行為は，同意殺人の構成要件に該当しうる。それがどのような場合に正当化されるべきかを検討しなければならない。また，人工延命装置を中止する行為と最初から差し控える行為の同異についても考えなければならない。

判例　既出の東海大学安楽死事件判決は，傍論ながら尊厳死についても許容要件を示している。それによれば，治療行為の中止は，自然な死を迎えたいという患者の自己決定権の理論と，意味のない治療を行うことはもはや義務ではないという医師の治療義務の限界を根拠に，以下の2点の要件を満たせば許容されるとする。

①患者が治癒不可能な病気に冒され回復の見込みがなく，死が避けられない末期状態であること。自己決定権は死ぬ権利を肯定するものではない。

②患者の意思表示が中止の時点で存在すること。ただし，患者の推定的意思によることも是認される。患者の事前の意思表示が存在しない場合，家族の意思表示から患者の意思を推定することが許される。家族は，患者の性格や人生観等を十分に知り，その意思を適確に推定しうる立場にあること，さらに患者の病状，治療内容，予後等について正確な認識を持ち，患者の立場に立ったうえでの真摯な意思表示をなさねばならない。また医師も，患者および家族と意思疎通に努め，患者自身の病気や治療方針に関する考えや，家族との関係について必要な情報を収集し，患者および家族をよく理解する立場にあることが必要である。

この判決は注目を集めたが，治療義務の限界は医師が医学的観点から裁量によってのみ決定するのか，患者の自己決定との関係も不明であり，なお議論の余地のあるものである。その10年後，尊厳死についてはじめて正面から問われたいわゆる川崎協同病院事件の第1審判決（横浜地判2005〔平成17〕3・25判タ1185号114頁）も，この東海大判決を大筋で踏襲したが（ただし，患者の真意が不明である場合は生命保護を優先し，さらに医学的に有効な治療が限界に達していることを要求した），控訴審判決（東京高判2007〔平成19〕2・28判タ1237号153頁）は，上記の論理に根本的な疑問を呈した。

まず自己決定権につき，そもそも終末期に患者自身が治療方針を決定することが憲法上保障された権利といえるのか。生命が等価ならば，それが終末期という局面においてなぜ特別扱いされうるのか。

家族による患者意思の推定についても，第1審判決はこれを認め

なければかえって患者の自己決定尊重と背馳するおそれがあるとして是認するが、逆に考えれば、実質的に家族の（家族にとって都合のいい）決定となってしまいかねない。そして本人の過去の決定についても、現実の意思決定とは同視しえない点を指摘する。

　治療義務の限界についても、「どの段階を無意味な治療と見るのか、問題がある。少しでも助かる可能性があれば、医師には治療を継続すべき義務があるのではないかという疑問も実は克服されていない」し、治療中止行為を原則として不作為と解することを前提とすることも、終末期医療の把握として不十分と指摘する。したがって、2つの判断枠組みは解釈上限界があり、この問題は立法あるいはガイドラインの策定をもって解決されるべきとした。

　結局、最高裁決定（最決2009〔平成21〕・12・7判時2066号159頁）も事例判断にとどめ、具体的な指針は示さなかったが、「余命および回復可能性」と「患者の推定的意思」を判断要素にあげる。すなわち、回復可能性や余命について的確な判断を下せる状況になく、患者家族の要請といっても被害者の病状等について適切な情報が伝えられたうえでされたものではなく、上記抜管行為が被害者の推定的意思に基づくということもできないから、許容される治療中止には当たらない、と述べたのみである。

ガイドライン　上記最高裁決定に依拠すれば、少なくとも前提として「余命および回復の可能性」が何らかの形で明確に示されているのでなければ、治療中止は認められないことになろう。ただ、いかなる場合に「余命および回復可能性」がない、といえるかについてはなお不明である。したがって、「余命および回復可能性」の幅をどのようにとらえるかにより、死期を早める可能性がある段階でも、治療中止が認められる場合が生じる余地はありうるように思われる。

この決定以前から，厚生労働省や日本救急医学会，日本集中治療医学会，日本医師会，日本老年医学会等々，各機関が終末期の治療中止についてガイドラインを公表し，日本学術会議も見解を示している。しかし，上記の「余命および回復の可能性」の具体的な中身や，医療行為の内容にまで言及したものはまだそう多くはない。ただ，患者の意思決定・家族による意思推定をめぐる医療者のかかわり方についての内容は，おおむね以下のような趣旨で共通する。

　医療者と患者・家族がよく話し合い，患者の自己決定を基本とする（積極的治療の方針を有する家族の意向をより重視するとみられるものもある）。医療者は多専門職種によるケアチームとして医学的妥当性に基づき，治療行為の中止・不開始を慎重に判断する。可能なかぎり緩和ケアを行い，患者・家族に精神的社会的側面も含めた総合的な医療ケアを行う。そのうえで，患者の意思が確認できる場合とできない場合に分け，患者意思の推定ができない場合には，家族と話し合い患者にとって最善と考えられる治療方針をとる。

のこされた問題　「患者の自己決定権」と「治療義務の限界」双方の関係はなお不明である。各が単独で治療中止の根拠となると考えるなら，患者意思にかかわりなく医師の医学的判断のみによって治療中止が許容されうる。これに対し，相互に関連づけるとすれば，治療の限界は医学的な判断のみならず，自己決定の行使によっても限界づけられるということになる。これは，「治療の限界」をどこに設定するか，ひいては延命治療はどうあるべきかということともかかわってくる。

　また，患者の推定的意思につき，本人の意思を探求するべき，という方向性はおそらく正しいと思われるが，自己決定のおかれる文脈に注意すべきである。たとえば，アメリカやドイツなど，患者の自己決定権が強調されてきた国においては，終末期においても患者

の事前指示が何よりも重要な意味を持っている。ただ、いわゆるリビング・ウィルについては、患者が事前に自分が陥る病状について正確に予測することはほぼ不可能であるから、それに対応する医療行為を事前に具体的に指示することも不可能である、ということも指摘される。それを補うべく、上記国においてはそうした状況に陥った場合に、本人に代わり意思決定を行う代理人を指名しておく、というシステムが考えられ、法制化もなされている。

しかし、こうしたシステムがわが国でうまく機能するかどうかは疑問である。わが国においては、患者の自己決定といっても「家族の決定」が重要な意味を持っている現状がある。介護・看護が社会的・経済的・実質的に家族に依存しているわが国の「自己決定」の文脈には、上記国と相当の相違があることに留意する必要があり、川崎協同病院事件控訴審判決が指摘する問題点は無視できない。また、どんなに説明を尽くしても、高度に専門的な医療内容を患者や家族が十全に理解できるとはかぎらない。患者の嗜好をくみ取ったうえでの医師の専門的判断が、家族による意思推定より常に背後におかれるべきかどうかも悩ましい。

法解釈上も手続上も論ずべき問題は多く、ガイドラインも法的拘束力を有するわけではない。尊厳死問題の解決には、なお医学と法学両面からの議論と検証を積み重ねる必要があるように思われる。

4 高齢者医療

高齢者医療の特徴　老年期は喪失期であるといわれる。心身の老化、社会とのかかわりの減少、近親者との死別、さらに、健康や経済の問題で家族に依存することが増え、自尊心が損なわれる。また、記憶力や学習能力・判断能力が低下し、新

規事象への対応も1人ではおぼつかなくなる。また,高齢者には複数の疾患が同時並行して生じることが多く,それらの中には慢性疾患も多く,治療が長引き薬の副作用等も生じやすくなる。介護を要する疾患も多く,家族環境等に予後が大きく左右される。

もちろんすべての高齢者がそうであるとはいえない。しかし,患者像として「理性的・自律的な強い個人」を想定することはできないように思われる。高齢者医療は,上述のような患者の精神面・家族関係等環境面も含め,きわめて複合的な判断や対処が要求されるものといえよう。

意思能力・推定的同意　高齢の患者は,疾病や老化により,自身の判断能力がなくなったり,逓減したり,波が生じたりする場合が出てくる。認知症等の場合は,とくにそうした症状が顕著であると思われるが,そうした場合,必要に応じて患者の意思の推定が行われることになろう。また,わが国では既述のように,介護や経済上の問題なども大きく関わることから,家族の意向が(医師からも患者からも)重視されており,意思能力の有無を問わず同時並行して家族へも説明をし,その同意を得るといったことが行われている。

刑法上,推定的同意を一般的な違法性阻却事由として認めるかどうかについては争いがあるが,医療行為における推定的同意は一般に認められる。冒頭で確認したように,適切な治療結果が期待される医療行為は,①患者の同意,②医学的適応性,③医術的正当性の総合考慮によって正当化されるものと考えれば,患者の同意は通常の被害者の同意と比して緩やかに解することが許されよう。なお,被害者の同意がなかったとして医療行為が傷害罪に問われた事案はこれまで存在しない。

しかし,身体への処遇は自己決定権の中核を占める事項であり,

患者の同意は,そもそも医師の専断的治療を排除するために主張されたものである。患者の意思の推定がおざなりでよいということにはならない。実務が家族の同意を重視するのも,それが本人の意思を推定する重要な判断要素となるからであると解すべきである。

家族のかかわり 上述の高齢者医療の特徴からすると,ときにきわめて難解な医療内容や,死に直面する事柄に関して,患者に自己決定を強いるというのは現実的ではないし,妥当でもない。

判例は,ガン告知につき本人に告知しない場合の,家族への告知のための民事上の努力義務を認めている（最判2002〔平成14〕・9・24判時1803号28頁）。ガンの告知は患者の自己決定のためでもあり療養指導のための説明でもあるとすれば,療養指導や患者の自己決定支援には家族も関わることになる以上,家族も必要な情報は共有すべきである。患者が自分の病気について知ることは,患者がその後どう生きるかを決定するうえで重要なことである。できうるかぎり患者本人へ告知・説明を行うことを前提とし,その支援を要請する意味での家族への説明と位置づけられるべきである。高齢者医療にもこのような理解は妥当すると考えられる。

したがって,家族の意向は患者意思の推定の材料となると同時に,事実上,患者自身の意思形成にも重要な役割を有する。

のこされた問題 自己決定権の強調は簡単だが,実際にそれを行使することは,とりわけ医療の世界においては容易ではない。それでもなお患者の生き方や人格が尊重されるならば,自己決定を支援する形での医療者のきめ細やかな対応と家族のかかわり方が構築されるべきであろう。

しかし,その患者家族も常に患者本意で最善の理解者とは限らない。とくに終末期医療においては,介護者・相続人たる家族が利益

相反的地位にもある。そもそも「家族」の範囲も明らかでない。家族の関わりは事実上きわめて重要な役割を演じているにもかかわらず、その法的位置づけは不明確である。また、わが国の成年後見制度においても、後見人による医的侵襲への同意権は、なお時期尚早として認められていない。かといって、医療者に「よき家族」であることを確認・立証する義務を負わせることが過大な負担であることは留意すべきである。認知症などの場合で長らく施設等に入所していた場合には、医師以外の介護職等も、患者を知る人として関わりが求められる場合がありえよう。

5　自己決定論再考

患者の自己決定権は、従来患者が専断的な医師の客体とされてきたことに対する反動として主張されてきた。しかし、医師と患者が相対立する形での自己決定権の強調は、結局患者の利益にならない面もあるのではないかとも思われるのである。終末期医療にはいわゆる「滑りやすい坂道」論がつきまとう。「疑わしきは生命の利益に」を基本としつつ、当事者が生と死の間のぎりぎりの判断をともに悩み、最善の方向を探る手続きを確保する法政策が必要ではないだろうか。

〔参考文献〕
甲斐克則編著『インフォームド・コンセントと医事法』（信山社、2011年）
樋口範雄編著『ケーススタディ生命倫理と法』（ジュリスト増刊、2004年）
飯田亘之・甲斐克則編『終末期医療と生命倫理』（太陽出版、2008年）
現代刑事法研究会「座談会　終末期医療と刑法」ジュリスト1377号（2009年）
　86頁

【加藤摩耶】

第5章 生命科学・人体の利用と刑法

■この章で考えること

　生命科学が広範に取り扱う人体（臓器・組織・細胞）に関して，法によって何を，どこまで保護し，どのようにその利用を制限・規制するべきか。この章では，そのような問題提起に関連して，刑法学に課せられた新たな役割について考えてみよう。

1　生命科学の発展と人体の利用の現状

生命科学の発展　21世紀は「生命科学の時代」といわれている。「生命科学（Life sciences）」という言葉自体は，1960年代以降から諸外国のみならず，わが国でも浸透し始めてきた。それは，いわゆる「分子生物学（生命現象を分子レベルで理解することを目的とする学問）」の成立を受けたものである。したがって，その言葉が用いられ始めた当初においては，生命現象を観察することに主眼を置く生物学領域での新しい動向に過ぎないものと一般的に受け止められていた。

　しかし，20世紀最後の10年間において，この生命科学をめぐる状況は，一変した。その先駆となったのが遺伝学研究である。1990年から開始された国際共同研究である「ヒトゲノム計画」は，基礎研究領域において前例がない規模のものとなった。2003年には，この計画により「人間の設計図」ともいわれるヒトゲノム解読が完了した。その完了の前後から，ヒトゲノムと疾病との対応関係を見つけ

出そうとする研究競争が激化し始めた。

　また，1996年には，イギリスでクローン羊「ドリー」が誕生した。従来，自然の生殖交配によらずに，遺伝的に全く同じ組成を有するクローン個体を誕生させることは，哺乳類という高等動物になればなるほど困難なものと考えられていた。したがって，この生殖細胞を用いることなく体細胞の分化（生物学用語で，個々の細胞が，組織・臓器といった構造機能的な役割を分担しながら変化する不可逆の過程）機能を元の状態に戻し，複製個体を創出する技術は，革新的な業績だと評価された。

　さらに，1998年には，ヒト胚性幹細胞（Embryonic Stem Cell：以下「ES 細胞」という）の樹立が報告された。ヒト ES 細胞とは，受精してから間もないヒト胚（生物発生過程におけるごく初期の段階）を解体することで得られる特殊な幹細胞（細胞の発生において，その根幹となる細胞）である。この幹細胞は，無限に増殖し，一個体には成長しないものの様々な組織・臓器に分化していく可能性（多能性）を有している。したがって，この幹細胞は「夢の万能細胞（より正確には，多能性細胞）」とも喧伝された。

　このような20世紀最後の10年間における生命科学上の大々的な発展状況に加え，その延長線上において，最近では，2007年に「誘導多能性幹細胞（Induced Pluripotent Stem Cell：以下「iPS 細胞」という）の樹立」が報告されている。これは，成体の体細胞から，その失われた分化機能を元に戻すことで得られる幹細胞である。この iPS 細胞は，ES 細胞と同程度の機能を有するとされている。それに加え，ES 細胞と異なり，iPS 細胞は，生命の萌芽であるヒト受精卵・胚を用いないことから，倫理的な問題を解消するものと期待された。

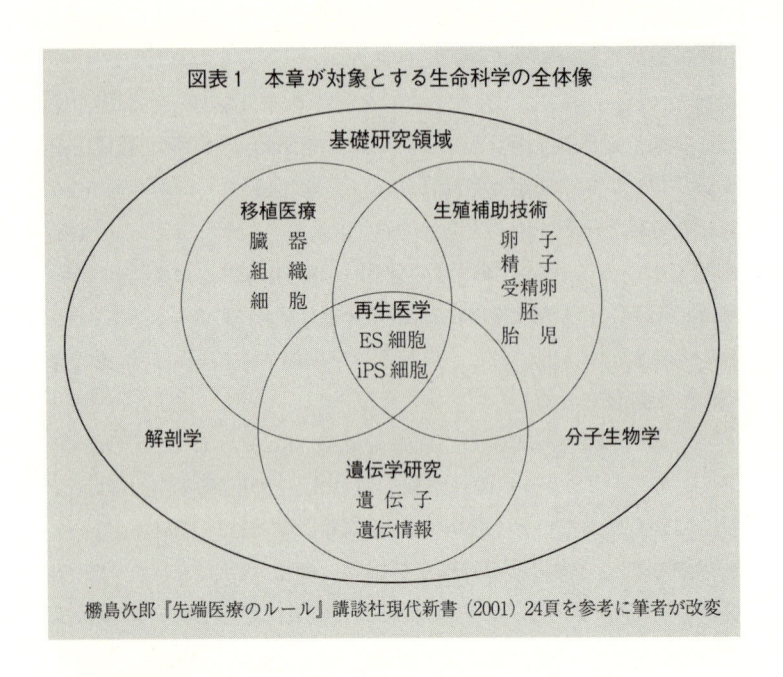

図表1　本章が対象とする生命科学の全体像

```
基礎研究領域
  移植医療              生殖補助技術
    臓　器                卵　子
    組　織                精　子
    細　胞                受精卵
         再生医学           胚
         ES細胞           胎　児
         iPS細胞
  解剖学                  分子生物学
         遺伝学研究
           遺伝子
           遺伝情報
```

橳島次郎『先端医療のルール』講談社現代新書（2001）24頁を参考に筆者が改変

複合的領域としての生命科学　生命科学における様々な成果は，医療への応用可能性が繰り返し力説されている。その関連医学領域としては，遺伝学研究，移植医療，生殖補助技術が挙げられる。これらの学問領域は，各々，人の臓器・組織・細胞を取り扱う。このことから，生命科学の研究対象となる素材を提供する領域でもある。そして，前述したクローン技術，ES細胞・iPS細胞等の多能性幹細胞を扱う領域は，生命科学の中でも最先端の領域として「再生医学」と呼ばれている。この再生医学研究は，これらの移植医療，生殖医療，遺伝子医療の3領域の全てが密接に関わる部分として，発展・形成されてきたものである（図表1）。したがって，生命科学に関する法的問題を考察する際には，その関連医学領域への配慮が不可欠となる。

この生命科学の発展を踏まえたうえで，以下では，「生命科学の発展を背景にする人体の利用は，どこまで許されるのか」という問題を検討する。前述したように，生命科学は，とくに，遺伝学研究，移植医療，生殖補助技術，再生医学研究に関係することから，それら各々の領域における人体の利用に関して，本章では簡単な検討を加える（その他にもわが国においては，いわゆる「死体解剖保存法」との関係で，死体からの試料採取と死体損壊罪の関係という論点がある）。

2　遺伝学研究に伴う問題

　遺伝学研究の急速な発展は，個々人の遺伝子を解析することで，各々の体質に適合した医療を可能にする新しい手法の途を拓くものとして期待されている。このような手法は，「オーダーメイド（テーラーメイド）医療」と呼ばれている。このような期待感に後押しされて，遺伝子解析技術も日進月歩で改善され，現在では，微量の人体試料であっても，そこから簡便に解析を行うことが可能となった。そのような遺伝子解析の状況に伴い，次のような問題が生じてくることになる。

　第1に，遺伝情報の保護の問題である。遺伝情報は，一生を通して不変のものであり，個人の特性とも関係してくるものである。また，遺伝情報は，血縁間で共有される情報であり，遺伝学研究の発展には，病気の遺伝的・家族的関連性の調査が不可欠とされている。したがって，その情報の保護には，細心の注意を要する。万が一，その情報が漏洩した場合には，雇用や保険加入に際して，差別的な取扱いを受けるという不都合が考えられる。

　第2に，遺伝学研究における同意の範囲及び転用という問題がある。たとえば，ある疾患の原因を調査する際には，そのサンプルを

一定数確保する必要がある。この調査に関する人体試料を一から収集し始めようとすると時間と費用がかかることになる。遺伝子解析研究は、微量の人体試料で足りることから、既に別の研究目的で保存されている人体試料を流用することができるならば、そのような労力を削減できる。しかし、人体試料の提供に際しては、そのような流用に関する同意を得ていないことが一般的である。そのことに加え、再同意を得るために本人を探し出すことは、現実問題として不可能な場合もある。そのような事情を鑑みて、本人の包括的な同意により、人体試料を広範に研究利用（流用）するための制度設計は、許容されるかという問題がある。

　以上の論点は、我が国でも人体試料を大規模に保存し、研究利用に供する組織としての「バイオバンク」を構想する際には、不可避の問題である。これに関連して、我が国では、2001年に文部科学省・厚生労働省・経済産業省が合同で「ヒトゲノム・遺伝子解析研究に関する倫理指針」（いわゆる三省指針）を示した。しかし、この指針は、遺伝学研究が適正に実施されるための方針を提示するに留まるものであり、遺伝情報の法的意味に言及したものではない。その後、「個人情報保護法」が2003年に成立し、2005年から施行されてはいるにせよ、同法においても、遺伝情報の法的位置付けは、不明確なままである。このように遺伝学研究においては、被験者保護の観点から、有体物としての人体試料を保護するだけでは足りず、無体物としての遺伝情報の保護も考慮に入れなければならない。遺伝情報の漏洩においては、重大な法益侵害が伴うことが容易に想定されうる。このような遺伝情報に関する問題に対して、いつまでも刑法学が態度を保留しておくのは、社会的な要請に応えていないものともいえよう。

3 移植医療に伴う問題

臓器移植法の欠陥　人体の利用という観点から、わが国における臓器の取扱いに関して検証してみよう。臓器の利用に関しては、まず、「臓器の移植に関する法律」（以下「臓器移植法」という）が関連してくる。この法律は、脳死に関する長年の議論の末に、1997年から施行・運用されている。しかし、その後も、脳死臓器移植の数が伸び悩み、とくに、小児における脳死臓器移植を認めない方針で運用されていたこともあって、制度的に様々な見直しが必要と批判されていた。そのような国内外の批判を受けて、2009年に、同法が改正された。この改正における重要な変更点としては、本人の臓器提供の意思が不明な場合であっても、家族の承諾があれば臓器提供が可能となったことが指摘できる。これに伴って、従来は、有効な意思表示ができないとされていた小児からの脳死臓器提供も可能になった。2009年改正臓器移植法は、その他にも様々な変更点を盛り込むことで臓器移植医療の推進が企図されている。しかし、この改正法においても、人体の利用という観点からは、3点の重要な事柄が抜け落ちているという批判がある。

第1に、臓器移植法は、脳死者からの臓器提供しか規制対象にしておらず、移植医療でも主流とされる生体間移植に関して、何らの規定も置いていないことが挙げられる。現在、生体間移植は、日本移植学会の倫理指針に準拠して、運用されている状況にある。この倫理指針は、臓器移植法のような公的な強制力を有するものではない。もちろん、正当な医療行為としてみなされない態様の生体間移植に対しては、刑法上、傷害罪等で罰することも可能である。しかし、生体間移植に関する公的な強制力を伴わない規制状況は、脳死

臓器移植における臓器提供者の保護と比較しても，法的均衡に失するのではないかという批判がある。

第2に，臓器移植法は，主要な臓器しか規制対象にしておらず，その他の人体組織の利用を規制する何らの規定も置いていないことが挙げられる。同法5条は「人の心臓，肺，肝臓，腎臓，その他厚生省令で定める内臓（同省令1条では，膵臓及び小腸）及び眼球」を規制対象にするものと規定している。したがって，それ以外の皮膚，神経，骨といった人体組織に関しては，死亡した本人の同意がなくても，一般的に，その遺体の処分権限を有するとされる遺族の承諾があれば，利用できるものとされている。このように，同じ人体でありながら，主要な臓器であるのか，単なる組織であるのかで差異を設けることは，法的均衡を失するものという批判がある。

第3に，同法は，1条において，移植医療目的の場合のみを規制対象にするだけで，研究目的での人体の利用に関して，何らの規定も置いていないことが挙げられる。人体は，移植医療の場合のみならず，移植医療とは無関係な医学研究にまで広く利用されうるものである。したがって，人体を利用した研究は，臓器移植法の上では，規制が設定されていないことになる。この現状に対し，一般的な人体試料の利用状況に対応できていないという批判がある。

以上のように，臓器移植法は，人体の利用という観点から考察すると様々な問題が含まれていることが分かる。

臓器売買 さらに，臓器移植法は，11条において，臓器売買を禁止している。これに違反した場合には，同法20条により刑事罰が科せられる。わが国でも，宇和島徳州会病院における臓器売買事件が度々報道されて耳目を集めており，これらの事件は，同法11条に違反するものとされた。同条項の刑事的規制を正当化するためには，臓器売買を禁止することにより，どのよ

うな法益が保護されるのかということが明らかにされる必要があるように思われる。

臓器売買の禁止を一つの側面から考えると、臓器提供は、無償で行われなければならないという主張が考えられる。これは、「臓器提供における無償性の原則」と呼ばれるものである。この原則は、臓器を経済取引の対象とすることは、人々の人道的精神に反し、禁止されるべきという考え（臓器移植法2条3項参照）から導かれるものとされている。しかし、このような人道的精神という曖昧な社会感情を保護法益として設定するのは、明確さに欠けるものと批判されよう。より個人的な法益に近付けて、臓器提供者の意思（同法2条1項）、臓器提供の任意性（同法2条2項）を保障するという考えもある。しかし、これらの個人的な保護法益は、提供者において完全に任意な臓器売買が同法では可罰的とされていることから説得力に乏しい。そこで、臓器の分配をすべて市場原理に委ねると移植医療の公平性が害されるという意味で（同法2条4項）、臓器売買が禁止されるという説明が最も妥当なようにも思われる。この公平性が制度的に確保されることで「公衆の健康」という保護法益も維持、促進されることにもなる。しかし、この公衆の健康という社会的法益も不明確であるという批判から免れない曖昧さを残している。

以上のように、臓器売買に関して、刑事法的な保護法益の設定という観点から考察すると様々な問題が含まれていることが分かる。

4 生殖補助技術・再生医学研究に伴う問題

ヒト受精卵・胚 　人体試料として、ヒト受精卵・胚を利用することは、どの程度、法的に許容されるだろうか。欧米において、このような問題は、人工妊娠中絶または生殖補助医

療との関係で1970年代から政治的争点とされていた。一方，わが国においては，前述したように，1990年代後半における生命科学の一大転換期を迎えたころから，このような問題が本格化し始めた。すなわち，ES細胞研究のために，ヒト胚を破壊する行為の是非が論じられるようになるまで，ヒト受精卵・胚の研究利用の是非が国家的な政策課題となることはなかった。その間，わが国では，生殖補助医療に関する基礎研究の領域において，不妊治療に供されないかたちでの純粋な研究目的によるヒト受精卵・胚の利用が実際に行われていた。

　また，生殖補助技術の発展に関連して，いわゆる「余剰胚」の存在も考慮に入れる必要がある。ここでいう余剰胚とは，当初は，体外受精による不妊治療の目的で作成され，何らかの事情で母体に戻されずに凍結保存されたままの状態にある胚のことをいう。そのように純粋な研究目的とは異なる文脈で作製されたヒト受精卵・胚をES細胞研究のようなヒト受精卵・胚を用いた研究に転用することは許容されるのか，という問題も新たに生じてきた。

　わが国ではじめて，ヒト胚の研究利用に関する法令が整備されたのは，「ヒトに関するクローン技術等の規制に関する法律」（以下「クローン技術規制法」という）が成立した2000年以降である。同法は，人クローン個体の生成に関連する行為を規制している。すなわち，同法は，ヒトに由来する胚の中でも倫理的に問題が大きいと思われる数種類の胚（同法では「特定胚」と定義される）の作成・授受・輸入に関する届出制を定めている。しかし，その届出義務違反には，罰則が付されているにせよ，届出さえすれば，研究のためにクローン胚等の特定胚を作成することに関して，法的に容認する余地を残している。したがって，胚研究を容認する意図を有した法律であるとも評価されている。実際，わが国での人工妊娠中絶をめぐる

胎児保護の状況，生殖補助技術における胚の取扱い等に鑑みれば，ヒト胚に関する研究利用を全面的に禁止するという厳格な政策路線の採用は，法的均衡が保てないものとなる。

この点に関して，クローン技術規制法の附則2条は，同法施行後3年以内に，ヒト受精卵・胚の一般的な研究利用の問題も含め「ヒト受精卵の人の生命の萌芽としての取扱いの在り方に関する総合科学技術会議等における検討の結果を踏まえ」たうえで，必要な措置を講ずることを政府に要求している。この附則を受けて，内閣府に設置された総合科学技術会議・生命倫理専門調査会は，「ヒト胚の取扱いに関する基本的考え方（2004年7月23日）」を公表した。同報告書によれば，生命尊重の理念に鑑みて，ヒト胚作成を含む研究利用は「原則禁止」とされる。その一方で，「人の健康と福祉に関する幸福追求の要請に応えるため」その研究利用が許される場合も例外的にあり得ると述べている。その例外が認められる条件として，①そのようなヒト胚研究に拠らなければ得られない「生命科学や医学の恩恵及びこれらへの期待が十分な科学的合理性に基づいたものであること」，②そのような研究が「人への安全性に十分な配慮がなされること」，そして，③そのような恩恵およびこれへの期待が「社会的に妥当なものであること」が指摘されている。

この報告書は，例外を緩やかに設定することで，実質的には，ヒト胚研究を許容するクローン技術規制法の方向性を維持するものと評価されている。これに対しては，例外としてヒト胚研究を容認するにしても，その法的制度的検討がまったくなされていないという批判もある。

多能性幹細胞（ES細胞・iPS細胞） ヒト胚から獲得されるヒトES細胞を用いた研究に関しては，前述したヒト胚研究の延長線上に位置づけられるものとして，現在，「ヒトES細胞の

樹立及び分配に関する指針」および「ヒト ES 細胞の使用に関する指針」の2本の行政指針により運用されている。また，成体の体細胞から獲得される iPS 細胞を用いた研究に関しては，同じく行政指針である「ヒト iPS 細胞又はヒト組織幹細胞からの生殖細胞の作成を行う研究に関する指針」により運用されている。

　このような幹細胞の提供者は，各細胞の遺伝子解析により一義的に特定されうる。なぜなら，それらの細胞は，その提供者の遺伝子を保有するからである。したがって，細胞の匿名化と提供者の個人情報の保護に関する効果的な予防策が採用される必要がある。それに加えて，幹細胞株は，増殖能力に富んでいることから，免疫拒絶反応の問題が解消されるならば，そのような幹細胞は，長期間にわたり，多くの受容者に対して移植されうる。その移植に伴う悪性腫瘍の形成または他の疾病に関する遺伝的な素因を早期に発見する必要性があることから，提供者における既往歴および医学的所見の定期的な把握が安全性の根拠として必要不可欠の前提とされなければならない。しかし，そのような安全性の確保は，提供者における個人情報の保護との制度的調整が必要とされる事柄である。当然に憂慮されるべき事象として，移植された幹細胞において腫瘍が形成された場合，提供者にも，その事実が伝えられ，場合により，身体検査が実施されなければならないか，という問題も想定される。

　また，最終的に幹細胞研究は，生殖補助技術の文脈で用いられることにより，クローニングと同様の問題が常に危惧される研究領域である。とくに iPS 細胞は，原基細胞（個体発生の段階で，形態と機能が未分化の状態にある細胞群）の段階から配偶子（精子・卵子）へと分化することが可能とされている。その iPS 細胞から導かれた配偶子を用いることにより，研究目的でヒト胚が再生産されるか，除核された卵細胞に核移植が行われる場合，ヒト・クローン胚と同様の

倫理的な問題が生じうる。この問題に関して，前述した iPS 細胞に関する指針は，一定の回答を準備するものであるにせよ，今後も継続的に運用の見直しが検討されるべきであろう。

5 生命科学の時代における刑法学の役割

以上のようなわが国の生命科学に関する法的議論を整理すると，そこには，ある一定の傾向が生じてきているということが分かる。その傾向とは，「生命科学の規制に対する消極的態度から積極的要請へ」という大きな流れである。この大きな流れの変化は，1990年代前半と，その後半の議論状況との比較において，とくに顕著である。これは，前述した生命科学における大転換期と連動するものともいえる。

1990年代前半以前における議論の傾向は，自由主義的な憲法学的思潮を背景に，刑罰という厳格な社会的規制は，謙抑的であるべきとされていた。すなわち，刑法が社会生活に適用される場面は，できるだけ少なくするべきという消極的態度が学問的にも求められていた。その結果として，1990年代におけるわが国の先端医療技術への政策態度は（臓器移植関連の問題を除けば），とくに明文化された法的規範を有するわけでもなく，実質的に強制力のない医療従事者のガイドラインまたは行政指針での対処が主たる規制手段とされた。この時期においては「医療関係者の自浄作用に委ねる」という態度が一般化していた。そのような謙抑的・消極的態度こそ，刑法学のあるべき姿だと考えられていたのである。

これに対して，1990年代後半以降，とくに2000年代に入ってからの議論の特徴は，突如として，これらの生命科学技術に対する法的規範を設定することへの要請が高まってきたと指摘できる。そこに

おいて主張されたことは，すでに生命科学を応用した技術は，研究者・医療関係者の自浄作用にのみ委ねられる問題ではないという国民意識の高揚が反映されている。

しかし，わが国が実際に生命科学に対する法的規制を導入する過程を検証すると，何を法的保護の目的としているのかという重要な点については，曖昧なままにされることが多い。そして，規制導入の必要性の観点のみから，法令による手続規定だけが整えられていくという状況に陥っているようにも思われる。現在，刑法学が生命科学と関わる場合，社会の複雑な利害関係を調整する役割が期待されている状況にあるともいえよう。しかし，そのような役割は，本来，刑法学が近代国家の前提として，先ずは個人的法益である生命・身体・自由を保護する理論であるべき分限を遥かに超えるものである。そのような新たな刑法学の積極的な役回りに関しては，刑法研究者の間でも賛否両論が分かれている。山積する生命科学をめぐる問題に対して，これからの刑法学は，どのような態度で臨むべきだろうか。刑法を学び始めた読者諸氏が生命科学の法的問題を論じるに際しても，最終的には「刑法の役割とは何か」という問いかけに対する基本的な態度を決めることが肝要であろう。

〔参考文献〕
青木清・町野朔編『医科学研究の自由と規制』（上智大学出版，2011年）
甲斐克則編『レクチャー生命倫理と法』（法律文化社，2010年）
現代刑事法研究会「第4回：生命倫理」ジュリスト1396号（2010年）94頁以下
東京大学生命科学教科書編集委員会「文系のための生命科学」（羊土社，2008年）
橳島次郎『先端医療のルール』（講談社現代新書，2001年）

【神馬幸一】

第6章 精神科医療と刑法

■この章で考えること

刑事責任判断における精神医学の役割とはいかなるものか。また，精神医学・脳神経科学分野の進歩を受けて，刑法学はどのように対応すべきか。本章ではこのような視座の下，刑事責任判断と精神医学の関係について考えてみよう。

1 刑事責任判断における精神鑑定

刑事裁判に精神医学が関係する場面は，刑事責任能力判断における精神鑑定である。この精神鑑定について説明する前に，まずその前提となる刑事責任能力の概念について概説しておこう。

刑事責任は，意思自由・他行為可能性の存在をその前提とし，過去の行為に対する非難として理解されるが，これを問うための前提として，行為者が自己の行為の是非を弁別する能力と，またこれに従って自己の行為を制御する能力の存在が求められる。この2つの能力を合わせたものが刑事責任能力である。刑事責任を問うための前提として責任能力がなければならないことは，責任主義・責任原理からの論理的帰結として導かれる。「責任なければ刑罰なし」と端的に表現される責任主義は，行為者個人に非難可能性として理解される責任が存在しない場合には犯罪は成立せず，刑罰を科すことはできない，という原理であり，行為主義および罪刑法定主義と並ぶ近代刑法の基本原則のひとつである。刑事責任を問うための前提

として責任能力が要求されることについて、刑法39条1項は、責任能力が喪失している場合（心神喪失）には処罰されない、と規定し、同条2項は、責任能力が著しく減退している場合（心神耗弱）には刑が減軽される、と規定している。また、刑法41条は、14歳未満の少年に関し、一律に責任無能力者として、その行為を罰しないことを定めている。

刑事裁判における精神鑑定のあり方——法律家の側から

わが国における責任能力判断は、生物学的要素と心理学的要素の双方を考慮する混合的方法によることが判例により明言されている（大判1931〔昭6〕・12・3刑集10巻682頁）。生物学的要素の判断とは、被告人が精神の障害を患っていたか、患っていたとすればどの程度のものであったか、という判断である。これに対し、心理学的要素には、先述の弁識能力および制御能力が含まれ、生物学的要素として認定された精神の障害がこれらにどの程度の影響を与えていたか、が問題となる。換言すれば、精神の障害が行為者の自由な意思決定を阻害する程度のものであったか、が問題となるのである。

精神科医によって行われる精神鑑定は、生物学的要素の有無および程度、ならびに心理学的要素のうち、精神の障害が被告人の弁識・制御能力にどの程度の影響を与えていたか、という事実問題について明らかにするものである。これを受けて裁判官は、行為時の被告人の精神状態が心神喪失もしくは心神耗弱として評価されるべきものか否か、を法的見地から規範的に判断する。

かつては責任能力判断につき、生物学的要素は事実判断であるから鑑定人である精神科医がこれを判断し、心理学的要素は規範的判断であるから裁判官がこれを判断すべきだ、と主張されていた。また、とくに精神分裂病（現：統合失調症）と関係する責任能力判断に

おいて，心理学的要素，とくに制御能力の判断は意思自由の問題と関連し，経験科学的にこれを判断することは不可能である，とする不可知論の立場から，もし精神疾患を有すると診断された場合には，心理学的要素の判断に立ち入ることなく原則として責任無能力とされる，という一定の取決めを設けるべきだ，との主張もなされていた。しかし，裁判所は，最決1983〔昭58〕・9・13判時1100号156頁において，規範的評価のみならず，その前提となる事実問題に関しても，究極的には裁判所がこれを判断する，と明言し，さらには，最決1984〔昭59〕・7・3刑集38巻8号2783頁において，責任能力の判断方法について，「鑑定書全体の記載内容とその余の精神鑑定の結果，並びに記録により認められる被告人の犯行当時の病状，犯行前の生活状態，犯行の動機・態様等を総合考慮」する，と明言した。このような判断方法は，精神障害がその人の意思や行為にどのような影響を及ぼしたかを知ることは可能である，とする可知論の立場に立脚したものといえる。

　問題は，事実問題に関して裁判官に認められる裁量はどの程度か，という点である。確かに，証拠の評価は究極的には司法の専門家である裁判官の裁量に委ねられることは当然である。しかし，この裁量権を過大評価するならば，精神鑑定において示される精神医学的事実という，裁判官にとっては門外漢の領域にさえ，裁判官が過剰な判断を行うことになりかねない。これは現に慎むべきであることは様々な論者により再三指摘されてきたが，最高裁も，事実問題に関しては鑑定人たる精神科医の意見を尊重すべきであり，裁判官は合理的な理由がある場合に限り，これを退けることができるに留まる，ということを明らかにした（最判2008〔平20〕・4・25刑集62巻5号1559頁）。

> **コラム6-1 精神障害者の処遇をめぐる法制度の変遷**
>
> 戦前のわが国の精神障害者の処遇は、精神病者監護法に基づき、いわゆる座敷牢での私宅監置を原則としていた。その後、1950年に制定された精神衛生法は、私宅監置を廃止し、精神病院への入院制度を定めたが、すべての入院患者は強制入院であった。この法の制度の下では、患者の人権を著しく侵害するような処遇が当然のように行われていたが、その中でもとくに、1984年に起きた、看護者が患者をリンチにより死亡させるという宇都宮精神病院事件をきっかけとして、患者の人権保護を求める機運が国内外で高まり、患者の人権保護の強化を目的として、1987年に精神衛生法は精神保健法へ、1995年には『精神保健及び精神障害者福祉に関する法律』（以下「精神保健福祉法」という）へと、漸次法改正がなされた。精神保健福祉法は、それまでの法律と比較して、任意入院制度を設け、これを原則とすべし、とした点にその特徴がある。

刑事裁判における精神鑑定のあり方——精神医学の側から

他方、精神医学の側からも、精神鑑定に一定の水準を担保すべきだとの問題意識の下、他害行為を行った者の責任能力鑑定に関する研究班編『刑事責任能力に関する精神鑑定書作成の手引き〔第4版〕』（http://www.ncnp.go.jp/nimh/shihou/kantei.htm）（以下「手引き」という）が作成された。この手引きは、精神鑑定における「手法や考え方の道筋、その整理の視点に一定の標準を設けること」を目的として作成され、鑑定人たる精神科医が鑑定において留意すべき注意点を挙げている。さらに、この「手引き」は、法曹とのコミュニケーションを円滑にするため、鑑定を行うにあたっての7つの着眼点を挙げている。これらは、先述の最決1984〔昭59〕・7・3で挙げられた判断要素を受けて、精神医学の側から提案されたもの、と評することができる。このように、刑事責任判断において、精神医学の果たす役割が判例により漸次明らかにされており、精神

医学の側からも,それを踏まえたうえでの歩み寄りがなされてきた。

しかし,このように着眼点を絞って鑑定を行うことには,被疑者・被告人の病状の全体像を描き出すことができず,むしろ鑑定を一定の結論へと誤導するものであり,ふさわしくない,とする精神医学の側からの批判が存在することも,銘記する必要がある(たとえば,吉川和男「精神鑑定をめぐる諸問題」後掲こころのりんしょうà・la・carte28 461-466頁。また同様の主張として,中島直「内因性概念と司法精神医学」臨床精神医学40巻8号(2011)1098-1099頁)。

2 刑事訴訟手続と精神鑑定

わが国では2009年より,ある一定の重大事件に関し,職業裁判官だけでなく一般の市民も裁判に携わる裁判員裁判制度が導入され,この変化を受けて,刑事訴訟手続における精神鑑定のあり方も変化している。先述の「手引き」も,裁判員裁判制度への対応という観点から,精神鑑定に関する提言を行っている。以下,裁判員裁判制度に対応するものとしての精神鑑定への変化について概観し,刑事訴訟手続における精神鑑定のあり方を別の角度から概観する。

起訴前の手続において精神鑑定が行われる場面 刑事訴訟手続において,精神科医が鑑定人としてプロセスに関わる場合として,①起訴前の段階において,検察官より依頼される起訴前鑑定(この中には簡易鑑定と起訴前本鑑定が含まれる),②起訴後,公判開始前の公判前整理手続において裁判官より命じられる精神鑑定,③公判開始後,裁判官より命じられる公判鑑定,がある。①の段階で検察官が鑑定結果を受けて被疑者に関し,心神喪失等の事情により不起訴処分が相当と判断した場合,その後は「心神喪失等の状態で

重大な他害行為を行った者の医療及び観察等に関する法律」(以下「医療観察法」という)の対象となる。また,③の公判鑑定を受けて,裁判所が被告人に関し心神喪失により無罪との判断を下した後も,同様に医療観察法の対象となる。医療観察法に関する手続きについては後述する。

　裁判員制度の導入により刑事手続が大きく変化し,それに応じて精神鑑定のあり方も大きく変化したのは,②および③の段階である。②の公判前整理手続は,平成17年に施行された改正刑事訴訟法により導入された制度で,審理の迅速化を目的とし,起訴後公判前の段階において検察と弁護側の双方がそれぞれの証明しようとする事実や主張を明らかにし,争点を事前に整理する手続きである。とくに裁判員裁判においては集中的な審理が求められるため,公判前整理手続は,必須とされている。従来,起訴後の精神鑑定は,公判手続の中で行われてきたが,裁判員裁判においては原則として公判前整理手続の中でこれが行われることになるであろう,といわれている(水留正流「裁判員制度とは何か」後掲参考文献174頁)。この段階において検察弁護側双方が行うのは,あくまで争点の整理であるので,この段階で被告人の有罪無罪が決されることはない。

起訴後の手続において精神鑑定が行われる場面　これに対し,③の段階では,被告人の罪責が実際に判断されるが,公判の流れ自体は,裁判員裁判と従来の裁判とで大きく異なることはない。しかし,裁判員裁判では事案を迅速に処理することが求められるため,鑑定のあり方も大きく変わってくる。従来から,鑑定人は,鑑定書を作成して裁判所に提出するとともに,証人として自身の鑑定内容について,公判廷において証言をしてきた。従来の裁判において裁判官は,公判廷での鑑定人の証言やそこでのやり取りより,むしろ鑑定書を後で読み返すことにより,心証を形成し判断を下して

コラム6-2 触法精神障害者の処遇をめぐる法制度の整備

精神保健福祉法は，任意入院制度を取り入れたという点で画期的であったが，なお，非任意的な入院制度として措置入院等を定めている。他害行為を行った精神障害者が心神喪失等を根拠として不起訴処分・無罪となった場合，従来は，措置入院の対象となった。措置入院は，「自傷他害のおそれ」を要件として，医師の判断によって処遇内容が決される点に特徴がある。しかし，この制度には，処遇の必要性を医療的観点からのみ判断するため再犯が防げない，等の理由により批判も多く，触法精神障害者の処遇に関する新たなシステム作りが政府により模索されていたところ，2001年に大阪で起きた池田小学校児童無差別殺傷事件を契機として，触法精神障害者の処遇に関する適切な施策を求める声がさらに高まり，2003年に「心神喪失等の状態で重大な他害行為を行った者の医療及び観察等に関する法律」が制定された。

きたとされる（前掲・水留174頁）。しかし，短期集中型の審理が求められる裁判員裁判では，このようなことを裁判員に求めることはできない。それゆえ，鑑定書自体も簡潔で的を射たものとすることが求められ，また同時に，裁判員にとっての分かりやすさの面からも，刑事訴訟における口頭主義の原則を徹底するためにも，従来のように鑑定書を中心したものから公判における証言を中心としたものへと，また専門用語を用いた難解なものから平易な表現を用いたものへと，鑑定のあり方を変化させることが求められる。

しかし，これに関して，やはり従来どおり鑑定書こそが重視されるべきであり，法廷での証言はこの理解を補助するための副次的なものに留まるべきだ，とする精神医学の側からの異論もある（前掲・吉川465-466頁）。また，「法廷に提出する鑑定書が短縮され簡易化されたものになるとしても，その前提となる精神医学的判断の過程そのものまでが短縮・簡易化されるものでは決してない」という

こ␣とも，精神医学の側から強調されている（五十嵐禎人「裁判員制度と精神鑑定のあり方」後掲参考文献・精神科14巻3号181頁）。

医療観察法における精神鑑定　被疑者が不起訴処分となった場合や被告人が裁判で心神喪失により無罪判決を受けた後，当該者が特定の要件を満たす場合には，先述の医療観察法の手続きに乗ることになる。医療観察法は，触法精神障害者の社会復帰を目的とし，適切な医療の確保を目指すものである。医療観察法の対象となるのは，心神喪失等の状態で重大な他害行為を行った者のうち，当該行為の原因となった精神障害のために同様の行為を再度繰り返す具体的・現実的な危険を有する者，である。この手続きにおいては，裁判所により選任された精神科医の鑑定を受けて，1人の裁判官と1人の精神保健審判員と呼ばれる医師とで構成される合議体からなる裁判所が処遇内容を決定する。刑事裁判における精神鑑定は，行為時の被告人の精神状態に回顧的に焦点を当てるのに対し，医療観察法手続における精神鑑定は，将来における同様の他害行為の反復を避けるための医療の必要性を将来展望的に判断する，という点が大きな差異である。

3　刑事責任能力判断における生物学的要素としての「精神の障害」

従来の刑法学における「精神の障害」の概念　心神喪失・心神耗弱が認められるためには，それが精神の障害に基づく必要があるが，この「精神の障害」の概念とは，具体的にはいかなるものか，この点が問題となる。従来，刑法学では，「精神の障害」に関して，クルト・シュナイダーによる精神医学的な精神異常二分論に基づいて論じられてきた。この二分論は，精神異常を，身体的な病

気の結果であるものと,身体的基盤を持たない純粋な精神の異常,の2つに分類する。

前者に含まれる代表的なものとしては,統合失調症や躁うつ病等が挙げられるが,これらは器質性の脳障害に基づくもの,と考えられている(統合失調症のように,脳障害の具体的な部位が特定されてはいないが,脳障害の存在が前提とされている精神疾患は内因性精神病と呼ばれる)。また,急性中毒や脳損傷,老人性認知症等も,その病因において身体的基盤を持つので,前者に含まれる。この中でもとくに急性アルコール中毒に関しては,酩酊状態を単純酩酊・複雑酩酊・病的酩酊の3つに分類する,ハンス・ビンダーの精神医学的酩酊分類に従って刑事責任判断がなされる。原則として,単純酩酊は完全責任能力,複雑酩酊は心神耗弱,病的酩酊は心神喪失とされる。しかし,病的酩酊が認められた場合であっても,この状態が自己の故意・過失により惹起された場合には,たとえ行為時に行為者が責任無能力・限定責任能力の状態にあったとしても,「原因において自由な行為の法理」(みずから精神の障害を招き責任無能力・限定責任能力の状態で犯罪の結果を惹起した場合は,その結果について完全な責任を問うとする法理)により,刑法39条は適用されず,結果に関して完全な責任を問われる場合がある。

これに対し,後者は,身体的な病的基盤は存在せず,病気とは認められえない,とされる。この中には,神経症や人格障害などが含まれる。そして,原則的に前者は刑事責任能力判断における生物学的要素たりうるが,後者は生物学的要素たりえない,とされてきた(例として,大谷實『刑法講義総論〔新版第3版〕』(成文堂,2009年)324-326頁)。

従来型の「精神の障害」概念の妥当性 精神疾患をその病因に基づいて区別する判断枠組みは,精神医学の世界では,伝

コラム6-3　解離性同一性障害と刑事責任

　精神医学の知見の進歩が刑事責任判断に新たな影響を及ぼす例として，解離性同一性障害を患う被告人の刑事責任判断が挙げられる。

　解離性同一性障害は，1人の身体の中に複数の人格状態が存在する精神障害であるが，別人格が行った犯罪行為につき，通常，被告人本人とみなされる主人格は記憶がない。この場合，被告人に全体として刑罰を科しうるか，が問題となるが，この判断は，行為時の能力を問題とする従来の責任能力判断の枠内にとどまらない新たな問題を含んでいる。実際の裁判においても，この障害を患う被告人の刑事責任が問題となった事例が複数存在し，判断が割れていることに鑑みれば，これは，刑法学の側において議論を要する緊急の課題である（上原大祐『刑事責任と人格の同一性(1)(2・完)』広島法学32巻4号（2009年）97頁以下および同33巻1号（2009年）15頁以下等）。

統的診断と呼ばれる。従来の刑法学における「精神の障害」の概念は，この伝統的診断の枠組みに基づくものである。しかし，問題は，このような枠組みが精神医学の世界においていまなお有効なものであるか，である。答えは否，である。精神医学の世界において現在汎用されているのは，ICD（WHOの作成した国際疾病分類）とDSM（米国精神医学会による精神疾患の診断・統計マニュアル）という診断の枠組みであるが，これらは，操作的診断と呼ばれ，「精神の障害」に関し，従来の伝統的診断のように，脳の器質的異常を前提とはせず，その症状のみに基づいて疾患を分類する。となると，刑事責任能力判断における生物学的要素となりうるかを，その基盤に脳の器質的異常があるか否か，で区別する従来の刑法学の考え方の前提自体が崩れる。

　このような精神医学的知見の進展を受け，精神医学の側から，脳の器質的障害に基づいているか否かにより精神異常を区別する従来

型の刑事責任判断に対して疑問が呈されているおり（前掲・中島1097-1103頁），刑法学の側からも精神医学界における操作的診断への潮流の変遷を受けて，ある精神状態が刑事責任能力判断における「精神の障害」に含まれるか否かは，それが弁識・制御能力に影響を与えうるものか，という観点から識別すれば足りる，として，伝統的診断を基として議論を構築する従来の刑法学の考え方を批判する見解も有力に主張されている（安田拓人・後掲『刑事責任能力の本質とその判断』66-72頁）。また，実際の裁判においても，解離性同一性障害や重症の神経性食思不振といった，身体的基盤のない神経症に分類される障害に基づいて心神喪失とされた事例が存在する（東京地判2008〔平成20〕・5・27判時2023号158頁および大阪高判1984〔昭和59〕・3・27判時1116号140頁）。

4　ニューロサイエンスと刑法

　これまでみてきたように，精神医学の知見は日々進歩し，また同時に，刑事司法制度も変化してきている。この時代の流れの中にあって，刑法の解釈やその運用および刑法学と精神医学の関係性も，その置かれた文脈に沿って変化すべき点があることは論を待たない。

　しかし，とくに科学の進歩を突き詰めていくと，刑事責任の概念そのものを根底から覆しかねない問題に直面する可能性がある。すなわち，自由意思の問題である。刑事責任は，自由意思の存在，すなわち，行為者が違法行為に出ないことを，その意思自由を働かせることにより選択できたにもかかわらず，あえて行為に出て，違法な結果を生じさせたことを責任非難の前提とする。しかし，もしそもそも自由意思が存在しないのであれば，犯罪行為を含め，人間の

すべての行為は素質や環境といった所与の条件によってあらかじめ決定されていることになり，責任非難の前提が崩れることになる。

　刑法学では，従来より，意思自由の存在を認める非決定論の立場を採る旧派と，意思自由の存在を否定する決定論の立場を採る新派が対立してきたが，現在では，様々な決定要素に制約されつつも，その限られた範囲においては主体的な意思決定の自由が存在するとする，やわらかな非決定論が主流となっている。

　しかし，近年，とくに，1983年に発表されたベンジャミン・リベットの実験以来，脳神経科学・精神医学および哲学において，人間の意思およびその結果としての行為を物理的な意味における脳の働きに還元し，自由意思を否定する見解も勢力を増している。この見解を突き詰めるならば，「『病』と『悪』との境界が曖昧になり，どちらも脳の器質的障害を原因とした社会逸脱行動として捉えられるようになってくる」（福井裕貴「脳と責任能力」後掲こころのりんしょうà・la・carte28 522頁）と考えられる。問題は，刑法学がこの新たな潮流に乗らなければならないか，である。自由意思を否定するならば，刑事責任は過去の違法行為・結果に対する非難としては把握されえず，刑罰は将来の再犯を防ぐためにのみ科される，ということになる。換言すれば，刑罰と治療の本質的な差は存在しなくなる。そうなると，刑事責任判断のために必要なのは，精神鑑定よりむしろ，精神の基をなす脳の鑑定，ということになる。

　自由意思の存在を認めるか否かは永遠の論題であり，ここで即急に結論を出すことはできない。現在のところ，脳神経科学においても，自由意思の存在を否定する仮説が現れた，という段階にとどまっている。しかし，問題は，将来，脳神経科学がより進歩し，脳の働きと具体的な個々の行為の関係性がより明らかになってきた場合，刑法学はどのような立場を採るか，である。これは，脳神経科

学の進歩を見守りつつ，刑法学が議論を深めるべき今後の課題である。刑法学の立場としては、「意思の自由を肯定し，法的非難としての責任・刑罰を構想する方が，行為者にとって有利なのだから、意思の自由・他行為可能性は最低限『フィクション』であってもよいのである」（安田拓人「責任能力と自由意思」後掲こころのりんしょうà・la・carte28 497頁）とするのも，ひとつの価値判断である。

〔参考文献〕
吉川和男編「特集・精神鑑定と責任能力」こころのりんしょうà・la・carte28（2009年）390頁以下
水留正流他「特集Ⅰ．裁判員制度と精神鑑定」精神科14巻3号（2009年）171頁以下
現代刑事法研究会「第3回：責任能力」ジュリスト1391号（2009年）82頁以下
安田拓人『刑事責任能力の本質とその判断』（弘文堂，2006年）
信原幸弘他編『脳神経倫理学の展望』（勁草書房，2008年）

【上原大祐】

第7章　性と刑法

■この章で考えること
　男女の性差に対する意識が極めて多様化してきている昨今において，旧来の性差に基づくさまざまな偏見が，いかに我々を取り囲んでいるか。そのような観点から，伝統的な性犯罪が抱える問題点に改めて目を向けて考えてみよう。

1　強制わいせつ罪と強姦罪

強制わいせつ罪と強姦罪の位置づけ　性関連の犯罪として真っ先に挙げられる強制わいせつ罪（176条）と強姦罪（177条）は，現在のわが国の刑法典において，公然わいせつ罪（174条）やわいせつ物頒布罪（175条）などと同じく，社会の性風俗を害する罪として分類されている。しかし，強制わいせつ罪と強姦罪については，他のわいせつ関連の罪とは異なり，侵害されている特定の個人の存在が明白であるから，現在においてはほぼ異論なく，「個人の性的自由ないし性的自己決定権」を害する罪であると解釈されている。

　では，刑法はどのような規定で個人の性的自由を守っているのだろうか。両者の罪を比較するため，まずは条文を見てみよう。強制わいせつ罪は，「13歳以上の男女に対し，暴行又は脅迫を用いてわいせつな行為をした者は，6月以上10年以下の懲役に処する。13歳未満の男女に対し，わいせつな行為をした者も，同様とする。」と規定し，強姦罪は，「暴行又は脅迫を用いて13歳以上の女子を姦淫

した者は，強姦の罪とし，3年以上の有期懲役に処する。13歳未満の女子を姦淫した者も，同様とする。」と規定している。

　ここで一見して特徴的なのは，両罪ともに13歳という年齢に大きな意味を持たせていることである。すなわち，これは，13歳以上の者は性的な自己決定権を行使することができる存在であることを前提に，その者の意に反する行為についてのみ処罰するが，13歳に満たない者については，いまだ自ら性的な事柄に関して決定する能力を持たないという前提のもと，本人の同意の有無を問わず絶対的に保護する立場をとっている，と説明することができる。

　他方，両罪の最大の相違点は，強制わいせつ罪が「わいせつな行為」一般を広く処罰するものであるのに対して，強姦罪は「姦淫」すなわち男女間の性交（性器結合）のみを処罰する規定となっている点である。もっとも，姦淫もわいせつな行為の一種であることに変わりはないから，強姦罪は強制わいせつ罪のうちの一部を特に重く処罰した特別規定であると位置づけることができる。加えて，強制わいせつ罪の客体（被害者）が男女ともにありうるのに対して，強姦罪の客体は女性に限られている点も大きな違いといえる。

強姦罪の客体はなぜ女性だけなのか

　では，なぜ多種多様なわいせつ行為のうち，女性に対する姦淫行為のみを特別に重く処罰する必要があるのだろうか。一般的には，特に実害の大きい類型を選別したものであると説明され，客体が女性に限定されていることは憲法14条の平等原則に反するものではないとする判例も存在する（最判1953〔昭28〕・6・24刑集7巻6号1366頁）。しかし，これに対しては，以下のような指摘も看過できない。

　すなわち，このような規定は，家父長制ないし男性中心主義社会において，女性が夫の所有物とみなされてきたことの名残であるという指摘である。現在は廃止されている姦通罪（夫ある女性が夫以外

の男性と性的関係を結んだ場合の処罰規定）と同様，女性にのみ貞操を求める思想のあらわれであり，女性を厚く保護する体裁をとりながら，その内実はむしろ女性に対する差別を含む規定だというのである。さらに，男性であったとしても，たとえば男児が年上の男性ないし女性から性的侵害を受けた場合を想定すれば分かるように，その被害の深刻さにおいて女性のそれと変わるものではないことは明白である。

そのような観点から，1970年代以降，欧米諸国において，強姦法の改正作業が活発化したことは特筆に値する。そこでは，客体を女性のみならず男性にも広げて性別の中立化をはかるとともに，被害者が受ける屈辱感という点から，単なる性器結合のみならず，肛門もしくは口腔への性器挿入，性器もしくは肛門への手や異物の挿入についても，同様に重い処罰を規定する傾向がみられる。

そもそも人間の性を，単純な形で男性と女性に二分すること自体が性的マイノリティーを排除することにつながっているとの重要な指摘が存在する現在にありながら，日本の強姦罪規定は，旧態依然として一時代前の規定を保ち続けている。現行法の解釈にあたっては，このような背景をも意識しておくことは重要であろう。

被害者の同意と暴行・脅迫の関係 強制わいせつ罪も強姦罪もともに，被害者の同意がなかったことを判断するための要素として，明文で暴行・脅迫の存在を必要としている。そして，その暴行・脅迫の程度に関しては，性的行為に関する同意の有無の認定が微妙であることに鑑み，「被害者の反抗を著しく困難にする程度」であることが必要であるとするのが多数の学説の支持するところであり，かつ判例の立場でもある（最判1949〔昭24〕・5・10刑集3巻6号711頁）。しかし，そのように比較的強度な暴行・脅迫の存在を要求することは，以下のような問題点を生じさせる。

第1に，強制わいせつ罪が成立するにあたって，わいせつ行為を行う前に相手の反抗を困難にする手段として暴行・脅迫がなされることを厳密に要求すると，たとえば，すきを見て性器に触れるように，暴行行為自体が同時にわいせつ行為である場合に，強制わいせつ罪の成立が困難になってしまう。そこで，そのような場合には，暴行によりわいせつ行為をなしたものと理解して，強制わいせつ罪の成立を認めるのが判例（大判1924〔大13〕・10・22刑集3巻749頁など）であり，学説においても，その場合には例外的に，被害者の意思に反するものでありさえすればその力の大小強弱を問わないとして，判例の結論を支持する見解が有力である。このような理解によれば，いわゆる電車の中の痴漢行為などのように，わいせつ行為以外にとりたてて暴行・脅迫を伴わない場合であっても，（迷惑防止条例のみならず）刑法上の強制わいせつ罪に抵触する可能性が生じることになる。

　第2に，暴行・脅迫の要件と被害者の同意とはどのような関係にあるのかという問題がある。たとえば，加害者がとりたてて暴行・脅迫行為を行うことなく姦淫行為に及んだ場合であっても，被害者が同意していたわけではないという状況が存在する。このような事例に関し，暴行・脅迫を用いずに姦淫行為に及んだということは，被害者の抵抗を排除する必要がなかったということであるから，被害者の同意が存在していたことを推認させる，という判断に基づき強姦罪を否定する見解もありうる。実際に，被害者が積極的な抵抗をしなかったことや，通常の性交にも伴う程度の有形力の行使しか認められないことなどを理由に強姦罪の成立を否定した事例（たとえば，広島高判1978〔昭53〕・11・20判時922号111頁など）や，さらに進んであたかも被害者側の落ち度を裁くかのような様相を呈した事例（たとえば，東京地判2002〔平14〕・3・27判時1791号152頁など）も散見

される。

　しかし，そのような理解は，強姦の被害者の置かれた心理状態を理解しないものであるとして，痛烈な批判を浴びている。不同意であるならばなぜ抵抗しなかったのか，本気で自らの貞操を守ろうと思えば何らかの抵抗ができたのではないか，というのは加害者である男性側の視点を優越させているものにほかならず，密室で性行為を迫られた女性の恐怖感や絶望感を無視した判断であると指摘されるのである。とりわけ同意の有無が問題になりやすい例として，たとえば，デートレイプのように顔見知りによる犯行の場合が挙げられるが，そのような場合，顔見知りであるだけに激しい抵抗によらず説得してやめさせようとする被害者も多く，必ずしも抵抗の強さが同意の有無の判断基準になるわけではない。

　以上のように考えると，「被害者の反抗を著しく困難にする程度」の暴行・脅迫とは，そもそも力の程度として強いものを意味していると解する必然性はないのではないか，という疑問がわいてくる。現に，強制わいせつ罪においても，暴行自体が同時にわいせつ行為である場合において，意思に反するものであればその程度を問わないという考え方が支持されているのであるから，強制わいせつ罪の特別類型として位置づけられる強姦罪においても同様の解釈が可能である，という指摘もなされている。

　もっとも，強姦罪の法定刑が強制わいせつ罪に比して高いことを考慮して，強姦罪に関してはあくまでも「被害者の反抗を著しく困難にする程度」の暴行・脅迫の存在を要求する立場が一般的ではある。しかし，その場合でも，決して暴行・脅迫を単独で評価したうえで強度なものを要求すべきではなく，行為が行われた時間や場所，その他被害者をとりまく具体的事情を総合的に考慮したうえで，そのような立場に置かれた被害者が客観的にみて反抗困難な状

況であったか否かを判断すべきことになろう。とりわけ，拒絶すればどのような不利益が待っているかわからないという状況においては，脅迫の認定が可能になる場合が多いように思われる。

夫婦間にも強姦はありうるか 被害者の同意の有無とも関連して興味深いのが，夫婦の間においても強姦罪は成立しうるか，という問題である。

とりわけ英米法の領域では，古くは，婚姻により妻は性交に包括的に同意していることなどを理由として，夫に対する強姦罪の成立を全面的に否定していた。その後も，婚姻関係のプライバシーを守ることの重要性や，夫婦間の和解を促進する必要性，さらには立証の困難性などを根拠に，夫の強姦罪を否定する傾向がみられた。しかし，それらの主張に対してはそれぞれ疑問が提示されており，現在においては，夫婦間であっても強姦罪の成立可能性を肯定する方向に動いている。

わが国において近時夫婦間強姦が問題となった事例として，家事調停に基づき別居していた夫婦につき，妻が再度離婚調停を申し立てた後に，夫が脅迫によって妻を姦淫したという事案がある（東京高判2007〔平19〕・9・26判タ1268号345頁）。この事案につき，裁判所は，「婚姻中の夫婦は，互いに性交渉を求め，かつ，これに応ずべき関係にある」ことを認めつつも，夫の妻に対する性交を求める権利の行使が常に犯罪にならないとするのは妥当でないとし，本件被告人と被害者との婚姻関係が実質的に破綻していたことをもひとつの根拠として強姦罪の成立を肯定した。ただし，「いかなる男女関係においても，性行為を暴行脅迫により強制できるものではなく，そのことは，女性の自己決定権を保護するという観点からも重要である」と述べ，実質的に破綻した夫婦間でなくとも強姦罪の成立する余地があるとする見解を示していることは注目に値する。

第7章 性と刑法

たしかに,刑法が夫婦間の性交渉に関してまで無制限に関与してくることは好ましくないという主張にも一理ある。また,婚姻関係にある者同士においては,そうでない者同士に比べて,性交についての同意が認められやすいという事実も存在するかもしれない。しかし,婚姻関係にあるからといって絶対的に強姦罪の成立が否定されると考えることは,今日の多様な夫婦関係を前提とするかぎり適切ではなかろう。配偶者からの暴力が社会問題化し,現に「配偶者からの暴力の防止及び被害者の保護に関する法律（いわゆるDV防止法）」（→第**8**章参照）が成立している今日,夫婦であることを理由に強姦すなわち性的暴力を完全に否定することはできないという点においては,共通の認識が得られるのではなかろうか。一律に婚姻関係にあるからという理由でなく,婚姻関係の実質を考慮に入れたうえで,個別具体的な同意を認定する努力が求められている。

親告罪であることの意義　強制わいせつ罪も強姦罪もともに親告罪である。親告罪とは,被害者からの告訴（犯罪事実を申告し訴追を求める意思表示）がない場合には,加害者を裁判にかけることができない犯罪類型をさす。一般の犯罪においては,犯人を訴追するにあたって,被害者からの告訴は要件とはなっていない。しかし,事件を公の法廷にさらすことによってかえって被害者の不利益になるような一定の犯罪については,被害者が望む場合にのみ加害者を訴追することとしている。強制わいせつ罪も強姦罪もともに,事件が公にされることで被害者の名誉やプライバシーの侵害につながるおそれがあることを考慮して親告罪とされているものであるが,たとえば,集団強姦罪（178条の2）のように,複数の人間が関与する悪質な事案に関しては,被害者の利益保護よりも犯人処罰の必要性を優先し,親告罪とはされていない。

　なお,通常の親告罪において犯罪被害者が告訴できる期間は,犯

> **コラム7-1 性犯罪被害者**
>
> 　刑事司法の場において長らく「忘れられた存在」となっていた犯罪被害者に，近時注目が集まっている。なかでも性犯罪被害については，犯罪行為そのものによる被害に加え，刑事司法機関や報道機関が配慮に欠けた対応をすることによって生じる二次的被害の大きさが問題視されるようになった。性犯罪に関しては，統計上に現れない暗数が多い理由のひとつとして，このような二次的被害を恐れて届け出られない実態があることも否定できない事実である。
>
> 　そのような問題が指摘される中，2000年に犯罪被害者保護のための刑事手続に関する法改正がなされ，犯罪被害者が証人として出廷する際の負担を軽減する措置などが導入された。さらに，2005年に犯罪被害者等基本法が施行されたことに伴い，各種の被害者支援の充実が急速に進展しつつある。2008年に運用が開始されている被害者参加制度や損害賠償命令制度なども注目されるところである。

人を知った日から6か月間という限定がある（刑訴235条）。しかし，とりわけ性犯罪被害者においては精神的なダメージが大きく，告訴すべきか否かを考えられるようになるまでに非常に時間がかかることがある。そのような事情を考慮して，強制わいせつ罪や強姦罪に関する告訴期間は，2000年の法改正により撤廃された。

2　セクシュアル・ハラスメント

セクシュアル・ハラスメントとは　性的自由の侵害という点で，近時重要な問題として認識されているのがセクシュアル・ハラスメント（以下「セクハラ」という）である。セクハラとは，「性的いやがらせ」あるいは「不快な性的言動」を意味する言葉であり，アメリカにおける判例理論の影響をうけつつ，わが国において

も1980年代以降の訴訟を通じてその概念が確立されるに至った。さらにその後，男女雇用機会均等法において，職場におけるセクハラを防止するための事業主の配慮義務が規定されるに伴い，とりわけ職場におけるセクハラが問題とされる場合が多かったが，近時は大学のキャンパスにおけるセクハラなども注目されるようになっており，その言葉自体もはなはだ多義的になりつつある。

具体例としては，上司が部下に良い仕事をまわすことの対価として性的関係を迫ったり，それを拒絶されると解雇したりするタイプの「対価型」，職場にわいせつなポスターを張ったり，性的な噂を流したり，通り過ぎるたびに体を触ったりして，労働環境を害するタイプの「環境型」などがあり，一般的には，一定の関係性がある人の間において，その権力関係を背景に行われるものとされている。

セクハラに対する法的対処　では，セクハラ行為を受けた場合，被害者は法的にどのような対応をとることができるだろうか。通常，セクハラに対しては被害者が主体となって民事訴訟を提起する。まず，加害者を相手取り，被害者の人格権を害したとして損害賠償請求を行うことが考えられ，それと同時に，会社に対しても，使用者としての責任や労働環境に配慮する義務を果たさなかった責任を根拠として損害賠償請求を行うことが可能である。

一方，セクハラの中でも，性的関係の強要が「被害者の反抗を著しく困難にする程度」の暴行・脅迫によって行われた場合には，前述の強制わいせつ罪や強姦罪として刑事訴訟の対象になることは当然である。しかし，その程度に至っているといえるか否かの判断において微妙な事例が存在する。たとえば，上司から昇進という利益と交換に性的関係を求められ，悩んだ末にその要求に応じたような場合，果たしてこれは強姦なのか，そうではないのか。

このような事例に関する判断は非常に困難であり，先に暴行・脅迫と同意の関係に関して紹介したように，職場の環境を決定する上司の言動が脅迫の効果を持っているような場合には，被害者の表面的な同意は任意のものとはいえないとして，刑法上の強姦罪を認めることが可能な場合もあろう。しかし逆に，四囲の事情から考えられる不利益が差し迫ったものではない場合には，強姦罪が否定されることもありうる。たしかに，そのような卑怯な交換条件を提示してくる上司の存在は許しがたいが，職場環境改善のためには，その上司を刑法で処罰することだけが必ずしも適切な対処であるとはいい切れないであろう。むしろ，被害者が主体的に訴訟を遂行し，その過程で自らの被害の大きさや心の傷の深さについて理解を求めることができる民事訴訟の方が，被害者の救済のためになる場合も多いのではなかろうか。このような例は，刑法が出動すべき限界ラインを考えるうえでひとつの素材となるように思われる。

3　わいせつ物頒布罪

「わいせつ」な文書とは　性に関する犯罪としては，わいせつな文書・図画を頒布・販売することを禁止する，いわゆるわいせつ物頒布罪の存在も重要である。冒頭でも触れたように，この罪は，強制わいせつ罪・強姦罪とは異なり，一般的には社会の性秩序ないし健全な性的風俗を保護しているものとして位置づけられている。

　では，ここで「わいせつ」とは，どのようなものを意味するか。判例によれば，いたずらに性欲を興奮または刺激させ，かつ普通人の正常な性的羞恥心を害し，善良な性的道義観念に反するものをいうとされている（最判1951〔昭26〕・5・10刑集5巻6号1026頁）。しか

し，なぜ性的刺激を与えるものが悪いのだろうか。仮に羞恥心が害されることを不愉快に思う人がいるなら，その人が見なければ済む話ではないか。そもそも国家が刑罰をもって一定の性道徳を国民に押し付けることが許されるのだろうか。

　この議論は，とりわけ芸術作品の中で問題とされることが多い。たとえば，古典的な名画といわれるものの中にも，裸婦を素材にしたものは数知れない。それらのどこまでが芸術で，どこからがわいせつなのか。この点，わいせつ性と芸術性との比較衡量で決すべきとする考え方なども存在するが，そもそも芸術作品の価値は後世になってから評価されることもあり，裁判所による判断は不可能である。そのような趣旨から，近時は，いわゆるハードコア・ポルノグラフィ（生殖器官や性交等をあらわに見せるきわめて露骨な性表現物）についてのみわいせつ性を肯定する見解が有力に主張されている。

視点を変えて　そもそも，わいせつ物の頒布・販売を禁止する合理的な理由があるのか，という点は大きな問題である。すなわち，性に関するものであったとしても表現物である以上，それを規制することは「表現の自由」を侵害することにつながるのである。そのような観点から，規制は必要最小限の範囲に限定されるべきであり，わいせつ物を見たくない成人の利益の保護と心身が未発達な青少年の保護のために，頒布・販売の場所・方法等を規制すれば充分であり，一律に頒布・販売を禁止するのは行き過ぎであるとの見解もある。

　また，逆にポルノグラフィ規制を強化する必要性を説く立場もある。すなわち，ポルノグラフィは，写実的かつ性的に露骨なかたちで女性（場合によっては男性・子ども）を従属させるものである点を強調し，被写体となる女性の性的尊厳を害し，ひいては女性に対する差別・偏見を助長するものであるから，単に社会の風俗を乱すと

いうにとどまらず，個人を侵害するものとして強姦罪と連続的に論じられるべきものとする。もっとも，そのような立場は，ポルノグラフィ全般について厳しく刑事規制を及ぼすことを主張するものではなく，むしろ，実際に被害を受けた者が主体となって遂行する民事訴訟の有効性を主張している点も興味深い。セクハラ事例と同様，これも刑事規制の役割と限界を探るひとつの素材といえよう。

4 今後の課題

　刑事法の分野においては従来，性差に基づく偏見（いわゆるジェンダー・バイアス）という問題は，比較的等閑視されてきた。しかし，「性と刑法」というテーマを現代社会との関係で考えたとき，このジェンダーというひとつの視点が，従来の議論に潜む不合理な側面を浮き彫りにしてくれることは否定できない。今後は，ジェンダーに敏感な視点からの見直しがひとつの課題となろう。

　もっとも，セクハラやポルノグラフィをめぐる一部の議論にみられるように，性に関する表現活動一切を徹底的に敵視したり排除したりするようなことは避けなければならない。人間にとって性的行動は，単に生殖を意味する生物的活動にとどまらず，人格の根源にかかわる高度に精神的な活動である。職場における他者とのかかわりにおいても，私生活におけるパートナーとの交流においても，はたまた個人的な趣味の領域においても，われわれの性的自由は最大限確保されるべきであろう。そのうえで，個人と個人の自由が衝突する場面においてこそ，われわれはその最良の着地点を見いだす努力を怠ってはならない。

〔参考文献〕
齊藤豊治・青井秀夫編『セクシュアリティと法』(東北大学出版会，2006年)
朝倉むつ子・角田由紀子編『比較判例ジェンダー法』(不磨書房，2007年)
辻村みよ子『ジェンダーと法〔第2版〕』(不磨書房，2010年)
神山千之「合意による性交と強姦の境」刑事法ジャーナル27号 (2011年) 53-65頁

【田山聡美】

第8章 家庭内暴力と刑法

■この章で考えること
　現代においても,「法は家庭に入らず」という考え方は妥当するのか。家庭内での暴力事件が多発する中で,家庭内の出来事に対する刑事規制のあり方について考えてみよう。

1　現代における家庭と犯罪

家庭内暴力の意義　　家庭内の暴力は,家庭というものが存続するかぎり,存在し続けるといわれている。もっとも,家庭のあり方が社会の変化に伴って変わりゆくものである以上,家庭内における暴力の発生要因や態様も,一定ではありえない。かつて「家庭内暴力」という言葉は,思春期の少年が家庭内で物をひどく壊したり,親あるいはそれに代わる者に対して暴力をふるったりする場合を指すものであった。たとえば,1980年のいわゆる金属バット両親殺害事件は,神奈川県在住の20歳の予備校生が,両親の期待する夢をかなえられそうにもないとの挫折感から両親を金属バットで殴り殺したというものであったが,こうしたケースが家庭内暴力の典型例として認識されていた。しかし,昨今においては,一口に「家庭内暴力」といっても,そこからは様々な類型が想定される。たとえば,かつては「子供が1歳を過ぎたらめったに起こらない」といわれていた母親による幼児虐待や,配偶者間における物理的・心理的暴力,さらには,高齢化社会を背景とした養護者

による高齢者虐待や経済的暴力（財産侵害）などである。

最後の手段としての刑法　このように、「家庭内で生じた」という点では共通の、しかし様々な形で起こりうる家庭内の暴力事件に対して、刑法はいかなる態度で臨むべきであろうか。刑法が、もっとも厳しい制裁である刑罰を伴うものである以上、その介入は、刑罰以外の手段によっては解決できないような紛争にかぎられなければならない（「刑法の謙抑制・補充性」）。そのため、家庭内における暴力についても、刑法以外の手段による解決が優先的に検討されるべきであり、実際、各種の家庭内暴力が顕在化するに伴い、多くの立法がなされている。たとえば、2000年11月20日施行の「児童虐待の防止等に関する法律」（以下「児童虐待防止法」という）や、2001年10月13日施行の「配偶者からの暴力の防止及び被害者の保護に関する法律」（以下「DV法」という）、2006年4月1日施行の「高齢者虐待防止法」などである。

　しかし、その一方で、家庭内暴力事件が人の生命や身体、財産といった重大な法益に対する侵害行為を内容とするものであって、「家庭内で生じた」という事情を別にすれば、もっとも厳しい制裁である刑罰によって対応することが適当と考えられる性格ものであることも、否定できない。暴力行為と呼ばれる振る舞いには、有形力の行使としての暴力のほか、性的なものや心理的なもの、ネグレクト形態によるものなどがあるが、有形力の行使としての暴力行為は、過失致傷罪（刑209条）、暴行罪（刑208条）、傷害罪（刑204条）、その結果人が死亡すれば、過失致死罪（刑210条）、傷害致死罪（刑205条）、場合によっては殺人罪（刑199条）に当たりうる。また、性的な暴力行為は、強制わいせつ罪（刑176条）や強姦罪（刑177条）、準強制わいせつ罪（刑178条1項）、準強姦罪（刑178条2項）などに該当しうるし、心理的な暴力は、傷害罪（刑204条）や強要罪（刑223

条）に当たりうる。さらに、ネグレクト形態のものには、保護責任者遺棄罪（刑218条）、死亡の結果が生ずれば、保護責任者遺棄致死罪（刑219条）や不作為の殺人罪（刑199条）が成立しうるのである。このように、暴力行為の態様は様々であるが、そのいずれについても、刑法の予定する犯罪行為に通ずる型を認めることができる。そうであるにもかかわらず、「家庭内で生じた」という事情は、刑法の介入を排斥するのに十分な事情といえるのだろうか。

　以下では、まず、「家庭内で生じた」犯罪的な出来事に対し、従来、刑法がどのような態度で臨んできたのかという点から考えてゆくことにしたい。

2　家庭と刑法

　　刑法244条1項　　たとえば、Aと同居しているAの息子B（20歳）が、遊ぶ金欲しさにAの大切にしている高級時計を盗みだして勝手に売り飛ばしたという場合、Bの行為は、（B以外の）「他人」Aが所有する「財物」たる時計を、Aの意思に反してその占有下からBの下へと移転させて「窃取」するものであるから、窃盗罪（刑法235条）に該当する。しかし、Bが処罰されることはない。なぜなら、刑法は、244条1項において、「配偶者、直系血族又は同居の親族との間で刑法第235条の罪（窃盗）、第235条2の罪（不動産侵奪罪）又はこれらの罪の未遂罪を犯した者は、その刑を免除する。」と規定しているからである。

　　法は家庭に入らず　　それでは、なぜ刑法は上記のような規定を設けているのだろうか。刑法244条1項における「刑を免除する」という文言の意味内容とその根拠について、判例および多数説は、「法は家庭に入らず」という法政策を根拠に、

（犯罪の成立ではなく）処罰を否定する趣旨であると考える。ここで，「法は家庭に入らず」とは，家庭内の紛争には国家は干渉しないほうがよいという意味の法諺であり，その基礎にあるのは，家庭内のことは，国家が介入するよりも，家庭の自律的な統制機能に委ねるべきであって，また，そうしたほうが，家庭内の平和が維持できるという考えである。要するに，家庭内（刑244条1項所定の親族間）においても，財物の窃取が犯罪に当たることに変わりはないが，家庭内で生じた犯罪に対しては，国家が刑罰という形で制裁を加えるよりも，家庭に解決をまかせておいた方が平和的でよい，というのである。

以上に対して，学説では，刑法244条1項による刑の免除は犯罪不成立を意味するとして，同条における処罰の特例の根拠を，違法減少や責任減少で説明する考えも有力に主張されている。たとえば，親族間においては，所有・占有関係が合同的であり，財産関係が必ずしも明確でないことが多いため，法益侵害性が通常よりも小さくなる（つまり，違法性が減少する）ことや，親族関係という誘惑的要因のために（親族の財布からはついつい金を盗んでしまいがちだから），期待可能性が減少する（つまり，責任が減少する）ことを考慮して，当該行為が犯罪にならないことを明らかにしたのが刑法244条1項であるという考えである。

しかし，たとえば，親族の財産については侵害への誘惑性が高いという主張の根拠を求めれば，所有・占有関係のあいまいさや，侵害に対する推定的同意に行き着く一方で，配偶者間など，家庭内においても所有・占有関係が明確なケースや同意を推定できないケースも存在しうる。つまり，特例の根拠を違法減少や責任減少によって説明しようとする場合，同条が定める広い範囲で特例を認める事実的基盤を見いだすことは困難である。そのため，刑法244条1項

の趣旨としては、それが「法は家庭に入らず」を内容とする政策的な考慮によるとの考えが、主流となっているのである。

不確かな事実的基盤　もっとも、上記の議論は、「法は家庭に入らず」とされることの実質的根拠や事実的基盤が必ずしも確立されていないことを露呈するものである。かりに、家庭内のことは私的な事柄だからその中に公的な力である方は介入すべきでない、という民事不介入の原則を引き合いに出したとしても、それは「家庭内で生じた事態は家庭にまかせておくべきだ」という考えの言い換えにすぎない。問題は、なぜ「家庭内で生じた事態は家庭にまかせておくべき」なのか、現在においても、この考えを貫くことが可能なのかである。

他方、刑法244条1項による刑の免除の根拠を違法減少や責任減少に求める考えの存在は、すくなくとも窃盗罪との関係では、それが家庭内で行われた場合がそうでない場合と区別されうる事情が全く想定できないわけではないことも示している。しかし、財産のような法益の場合と異なり、人の生命のような重要な法益に関しては、保護の断片性を原則とする刑法にも、あらゆる態様の攻撃からそれを護ることが要請されるのであって、法益侵害が家庭内で行われた場合を特別視するには、積極的な理由が必要となる。

以下では、昨今において顕在化してきたいくつかの家庭内暴力の類型とそれらへの法的対応、刑法との関わりに目をむけることで、家庭内暴力に対する刑事規制のあり方について探ってみることにしたい。

3　ドメスティック・バイオレンス(DV)をめぐる問題

DVの意義　ドメスティック・バイオレンス（DV）とは，一般的には，配偶者や恋人などの親密なパートナーから向けられた身体的・精神的・性的な暴力のことをいう。もっとも，DV法によれば，DVとは，「配偶者（内縁や事実婚関係も含む）からの暴力」のことを指す。そして，「配偶者からの暴力」には，配偶者からの身体に対する暴力またはこれに準ずる心身に有害な影響を及ぼす言動のほか，離婚後に元配偶者から引き続きうけるこれらの暴力または言動も含まれる（同法1条1項）。

このように定義されるDVおよびそれによる被害は，ほとんどが女性である被害者が家庭内の問題として1人で思い悩むケースが多かったため，これまで顕在化することが少なかった。しかし，昨今では，女性の人権に対する認識が国際的に高まったことや，それに伴う上記DV法の施行によってDV事案に社会的関心が集まったことを背景に，実態が明らかになってきた。

DV法による保護　DV法では，被害者保護の手段として，配偶者からの暴力を受けている者を発見した者に対する通報義務（同法6条），被害者や第三者から通報を受けた配偶者暴力相談支援センターの説明・助言義務（同法7条），警察による被害の防止義務（同法8条），被害者保護のための関係諸機関の連携協力義務（同法9条）が規定されている。また，配偶者からその生命または身体に対する脅迫を受けた被害者が，配偶者から受ける身体に対する暴力によりその生命または身体に重大な危害を受けるおそれが大きいときには，裁判所は，暴力を行う配偶者を引き離すためなどの保護命令を発することが定められており，これに違反した

場合には，1年以下の懲役または100万円以下の罰金が科されることになっている（同法11条～15条，29条）。ここでは，民事裁判において，刑罰を科す場合もある点が注目されよう。

DV防止法の限界

このように，配偶者による暴力行為については，DV法による被害者保護が拡充されつつある。もっとも，いかに身に危険が迫っていても，自らが裁判所に対して保護命令の申立をすることを躊躇してしまう被害者は存在し，その間に支援者が殺害されてしまうケースもあれば，DV加害者の暴力行為に対抗するうちに，DV被害者がDV加害者を殺めてしまう場合もある。そうした事態に至れば，刑法の介入は避けられないが，刑法ではどのような対応が可能なのだろうか。

裁判例の中には，DV被害者である妻が，酒乱の夫（DV加害者）からペティナイフを首筋に当てながら，「お前の命も今日限りだ」と言って殴る蹴るの暴行を加えられ，また，首を絞められるなどし，さらに，ゴルフクラブで殴打されるといった激しい暴行を加えられたために，このままでは殺されるかもしれないと考え，目を閉じて仰向けに横たわっていた夫の頸部前面をペティナイフで突き刺し，頸動脈切断により失血死させたという事案について，正当防衛（刑36条1項）として殺人罪（刑199条）の成立が否定されないかが争われたものがある。

ここで，刑法36条1項は，正当防衛として，犯罪の構成要件に該当する行為の違法性を阻却するための要件として，それが「急迫不正の侵害に対して，自己又は他人の権利を防衛するため，やむことを得ずにした行為」であることを求めている。すなわち，まず，DV被害者が反撃に及んだ際，DVが①「急迫不正の侵害」，つまり，間近に迫った法益侵害行為として存在したことが必要となる。また，反撃は，DV被害者の権利を②「防衛するため」，つまり，

急迫不正の侵害に対応しようという心理状態をもってなされたものでなければならないほか，③「やむを得ずにした行為」，つまり，防衛のための必要最小限度の行為として，防衛の必要性・相当性が認められる範囲内で行われることが要求される。

　上記の裁判例では，①②は肯定されたものの，③については，防衛行為は，夫の侵害行為を一時的にでもやめさせれば足りるのであって，生命侵害の危険を避けるため，ペテナイフは身体の枢要部を避けて使用し，その後は逃走して警察の手に委ねることも十分期待できたことから，DV 被害者の行為は，社会通念に照らし客観的に適正妥当（必要最小限）として容認される程度を逸脱しているとして，否定された（正当防衛不成立）。もっとも，防衛行為のみが過剰であるために正当防衛の成立が否定されるときには，過剰防衛として「その刑を減軽し，又は免除することができる」ところ（同条 2 項），本件では，刑の免除が認められている。DV 被害者である行為者が，夫からの暴力に耐えつつ円満な別れを願い，婦人相談所という公的機関を利用して関係を清算しようとするなど，安易に殺害という手段で解決を図ったわけではないといった事情が考慮されたうえでの判断である。

　いずれにせよ，DV 加害者・被害者およびその家族に対する公的機関の介入が遅れれば重大な結果を招くことにもなりうるが，DV 法も事後的な介入を原則とする刑法も，そうした事態を回避する手段として十分ではないのである。

4　児童虐待をめぐる問題

児童虐待の意義　児童虐待とは，保護者がその監護する児童に与える虐待行為をいう。ここで，虐待行為につい

ては，①身体的虐待，②性的虐待，③保護の怠慢・拒否，④心理的虐待の4類型に分類されることが一般的であり，2000年5月24日に制定・公布された児童虐待防止法2条も，同様に定めている（同条1号～4号）。こうした児童に対する家庭内の暴力は，1990年代中頃以降，母親の育児放棄による死亡事例などを通じて社会的関心を集め，「児童虐待」と命名されることによって，その問題性が広く認識されるに至った。

顕在化の難しさ　もっとも，児童虐待事例自体は，顕在化できずにいる場合が少なくなく，虐待致死事件になってようやく明らかになる場合が多い。その理由としては，家庭内に潜在しているため，容易には発見されにくく，また，親の懲戒権との関係で，「しつけ」との境界がつけがたい，告訴がなされにくい，といった点があげられる。また，性的虐待も刑罰の対象となりうる重大な虐待の形態であるが，身体的外傷を残さない場合が多いうえ，被害児がその事実を隠そうとすることによって虐待が長期化し，子供自身が「性的虐待順応症候群」と呼ばれる性格的・心理的特徴を発達させることなどから，見過ごされやすいものとなっている（なお，性的虐待については，1999年5月に「児童買春，児童ポルノに係る行為等の処罰及び児童の保護等に関する法律」が成立し，性的自己決定能力が未熟な者に対する性的濫用行為の刑事規制が強化されたが，虐待の発見自体の難しさが問題となっている）。

ネグレクトをめぐる刑法上の問題　このような状況のもと，厚生労働省が発表した2008年（平成20年）度の「児童虐待相談の対応件数」は4万2664件で，これを相談種別にみると，「身体的虐待」が1万6343件と最も多く，ついで多いのが，「保護の怠慢・拒否（ネグレクト）」の1万5905件となっている。

ネグレクトとは，児童虐待防止法2条3号によると，「児童の心

身の正常な発達を妨げるような著しい減食又は長時間の放置，保護者以外の同居人による前二号又は次号に掲げる行為（身体的虐待，性的虐待，心理的虐待）と同様の行為の放置その他の保護者としての監護を著しく怠ることをいう」（同条3号）。こうしたネグレクト行為によって傷害や死亡といった被害が発生した場合，傷害罪や傷害致死罪，殺人罪，保護責任者遺棄致死傷罪などの犯罪が，「期待された行為をしないこと」あるいは「不保護」といった不作為によって実現されたといえるのか，また，保護者以外の同居人による虐待を阻止しないことによって被害が発生した場合には，同居人の犯行への不作為による関与責任を問いうるかが問題となる。これらは，刑法理論において，不作為犯論や共犯論と呼ばれる領域に属する問題であり，その成立範囲に関しては，多くの議論がなされている。

たとえば，札幌高判2000〔平12〕・3・16判時1711号170頁は，内縁の夫による自分の子供（3歳5カ月）に対する虐待死の事案において，暴行を阻止しなかった母親に傷害致死罪の幇助犯（刑205条，62条）の成立を認めている。幇助犯とは，犯罪の実行を容易にする行為を処罰の対象とするものである。犯罪を実行する者が正犯とよばれ，いわば「犯行における主役」に当たるのに対し，幇助犯は，「犯行における脇役」である。そして問題は，「脇役」として「主役」の犯行を「容易にする行為」が不作為によって可能かどうかである。本件第1審は，不作為の幇助が成立するためには，①他人による犯罪実行を阻止すべき作為義務を有する者が，②犯罪の実行をほぼ確実に阻止しえたにもかかわらずこれを放置し，③作為義務の程度および要求される行為の容易性などからみて，その不作為を作為による幇助と同視しうることが必要であるとし，②の確実な阻止手段としては，「身を挺した制止」を設定し，夫による激しい暴行や胎児への侵害を考えるとそのような制止は著しく困難であるとし

て無罪を言い渡した。これに対して，本判決は，作為による幇助と同価値といえるための要件として，②を不要とする。そして，監視ないし制止を行うことで夫の暴行を阻止することは可能といえるため，母親の不作為は傷害致死罪の幇助犯に当たるとした。犯罪の実行をほぼ確実に阻止しえなくても，結果防止の可能性がある程度あれば，そのような状況の中で阻止しない行為は，犯罪の実行を容易にするものであるという判断である。

　もっとも，そもそも母親に不作為の責任を問うためには，前提として，作為義務の存在（上記①）が必要である。本件では，「（子供が夫から）暴行を受けることを阻止し得るものは被告人（母親）以外存在しなかったこと」から，被告人（母親）は「極めて強度の作為義務を負う」とされた。つまり，「母親としての立場」が重視されたと考えられる。しかし，そうであるならば，「母親の立場」にある者が担う役割は，「子供を保護・育成する」という積極的・一身専属的なものともいえるのだから，その違反によって子供を死に至らしめた責任は，かならずしも幇助犯，すなわち，「犯行における脇役」のものにとどまるわけではない。本件では作為による結果防止の可能性が「ある程度」にしか認められないため，いずれにせよ母親に傷害致死罪の正犯は成立しないと考えられるが，事案によっては，児童虐待防止法の存在を前提に，子供に対する他者の暴行を阻止しない親の行為につき，正犯としての責任を問う余地はあるといえよう。

刑事規制をめぐる問題点

虐待致死のような場合には，殺意はなく，懲戒権との境がつけにくい点や，被告人が母親である場合，児童の父親に捨てられ，生活に追われながらの育児の困難さを参酌され，また，他の子供の育児をしなければならない等の事情が，実刑を科しにくくしている。虐待が明らか

になり，問責された場合であっても，事実上処罰を免れることも少なくない。しかし，そうなると，刑罰の持つ一般予防効果が十分に発揮されていないのではないかという疑念が生じよう。

5 高齢者虐待をめぐる問題

高齢者虐待の意義 　高齢化社会の到来は，高齢被害者の急激な増加をもたらしている。その中でも，被害発生が家庭や施設の中で行われている結果，顕在化されずにいたのが高齢者虐待である。このような状況から，2005年11月9日に公布されたのが，いわゆる高齢者虐待防止法である。同法によれば，高齢者とは65歳以上の者をいい，養護者とは，65歳以上の者を現に養護する者であって養介護施設従事者等以外の者をいう（同法2条1項・2項）。そして，高齢者虐待とは，上記養護者および養介護施設従業者等による高齢者虐待のことをいう（同条3項）。

高齢者虐待の特徴 　高齢者虐待の類型は，児童虐待のそれに似ているが，「経済的虐待」が加えられる点に特徴がある。DV（配偶者間暴力）の場合にも，生活費を渡さないなどの経済的虐待がみられるが，高齢者虐待の場合には，高齢者固有の財産の処分にまで発展することから，その問題性は深刻である。また，「心理的虐待」の比率が高いのも，高齢者虐待の特徴といえる。

刑事規制をめぐる問題点 　高齢者虐待は，「虐待者も被害者である」という認識が持たれやすいケースである。そのため，高齢者虐待が刑事事件として裁判で注目されると，介護から生じる問題が浮かびあがり，罪を犯した養護者に同情を寄せる声が大きくなる結果，顕在化した虐待について刑事責任を問うたとしても，社会的コンセンサスが得られず，一般予防という

刑罰目的が達成しにくいものとなってしまう（将来における同種の事案の発生を防ぐことができない）という問題がある。

6　今後の課題

　家庭内暴力を犯罪と評価し，刑法が積極的に介入することは，多くの場合，それまで当事者らの間で築かれてきた関係性を絶つことを意味する。こうした事情が，被害者をして，家族による暴力を矮小化し，家庭の外からは見えにくく，犯罪として顕在化しにくいものとしてきた。しかし，家庭内暴力は，犯罪として評価しうる深刻な人権侵害行為であって，正当化されるべきものではない。

　もっとも，いかに刑法が介入したとしても，それによって家庭の正常な機能が回復し，将来における暴力事件が予防されるのでなければ，家庭内暴力の問題解決にはならないだろう。重要なのは，家庭内暴力に刑法が介入すべきか否かではなく，どのような形で介入すればよいのかである。家庭内暴力を犯罪とする立法などによってそれが許されない行為であることを明示するとともに，家庭内暴力に刑法が介入した後の支援のあり方について検討してゆくことが，今後の課題となろう。

〔参考文献〕
岩井宜子『ファミリー・バイオレンス』（尚学社，2008年）
林弘正・磯谷文明・平山幹子「児童虐待をめぐる法整備と課題」刑事法ジャーナル12号（イウス出版，2008年）2-30頁
後藤弘子・坂本佳鶴恵・小島妙子・林美月子・朴元奎「特集　ファミリー・バイオレンス」刑法雑誌（2011年）391-443頁

【平山幹子】

第9章 少年非行と刑法

■この章で考えること
「凶悪」な少年非行への厳罰が叫ばれるようになって久しいが、刑法の特別法である少年法の意義、そして少年非行やその対策の現状を学び、少年非行対策にとって何が重要なのかを改めて考えてみよう。

1 少年非行

　犯罪と刑罰について定める刑法には、14歳未満の者による行為は処罰されないという特則が置かれるのみで、14歳以上の者による行為について犯罪が成立する場合は、処罰されることになる。

　しかし、この刑法を修正し、20歳未満の者に犯罪の疑いがかけられた場合に特別な手続と処分とを用意したのが少年法である。この少年法によれば、少年が罪を犯したと認められる場合の他、14歳未満の少年による刑罰法令に触れる行為（触法行為）や、家出などの一定の事由に該当する少年に、罪を犯す虞が認められる場合（虞犯）にも、特別な手続と処分が適用される。この3類型が少年非行と位置づけられているのである（少年法3条）。

2 刑法と少年法

　日本で少年法が制定された1922年以前は、14歳以上の者に犯罪の疑いがかけられた場合、通常の刑事手続が進められ、処罰されるこ

ととなっていた。

　ところで，累犯者による財産犯への対策が急務となっていた欧米では，その多くを占める少年に対し，成人と分離しないまま短期自由刑を執行することによって，犯罪傾向が進んでいない少年が立派な累犯者になってしまうことへの批判が強まった。また，刑事裁判にも，少年が，裁判官や検察官による尋問の内容や，そもそも手続の意味じたいを理解することが困難であり，言いたいことを満足に言えないという問題があった。さらに，少年事件には家庭環境や友人関係，学校，地域のなどの要因が複雑にからみあっているにもかかわらず，そうした要因を科学的に調査し，少年の再犯を防ぐための処遇を選択する制度も欠如していた。こうした不備に対応するためにアメリカのシカゴで設立された少年裁判所は，瞬く間に全米に拡大し，従来の刑罰とは異なる教育的な処遇が罪を犯した少年に対しても適用されるようになった。こうした動向は，日本にも紹介されて，少年法が制定される契機となったのである。

　もっとも，1922年に紆余曲折の上で立法された大正少年法では，16歳以上の罪を犯した少年，さらには16歳未満で死刑，無期，短期３年以上の懲役・禁錮に当る罪を犯した少年は，検察官やその訴追を受理した裁判所が少年審判所に送致した場合にのみ保護処分と対象とされる等，刑罰が優先されていた（検察官先議）。

　この大正少年法は，日本国憲法の施行によって，大改正が不可欠となった。最も大きな問題とされたのは，行政機関にすぎない少年審判所が，矯正院（少年院の前身）送致などの少年の自由を剥奪・制限する保護処分を言い渡すことができ，それに対して少年が不服を申し立てることもできなかった点である。そこで，新たに設置された司法機関である家庭裁判所が，少年審判において非行ありと判断した少年に保護処分を言い渡し，その保護処分決定に対して少年

側のみ抗告をすることができるよう大幅に改正された現行少年法が1949年に施行された。

この現行少年法は，家裁に犯罪の疑いある少年がすべて送致されるよう捜査機関に義務づけ（全件送致原則），諸科学に基づく調査のうえ（科学主義），3種類に整理された保護処分（保護観察，児童自立支援施設等送致，少年院送致）が少年に必要かどうかを家裁にまず判断させ，一定の事件について16歳以上の少年に限って刑事処分が相当な場合にのみ家裁が例外的に検察官送致（逆送）決定を行う（保護原則）など，従前の検察官先議原則を大きく改める画期的なものとなった。というのも，刑罰ではなくて，少年の環境調整，性格矯正を目的とする保護こそが，少年による重大事件が最も多かった敗戦直後であっても，真に必要な対策と考えられたからである。

このように，刑法による少年犯罪対策への限界が認識され，事件の大小によって，形式的に手続や処分を決める方向から，個々の少年に合わせて，専門性を有する家裁がその健全育成にとって最適な手続や処分を選択できるように，大きな方向転換が図られたといえよう。換言すれば，現行少年法においては，刑事裁判や刑罰優先主義からの脱却が志向されたのである。

3 非行の動向と現状

刑事裁判や刑罰優先主義からの脱却が志向された現行少年法は，少年非行を増加，凶悪化させたのであろうか。

この点を明らかにするために，警察統計に基づき，少年刑法犯の検挙人員でみると，1951年，1966年，1983年をピークとする少年非行の3つの波が存在するといわれるが，実は，近年ではピーク時の約半数になっている。さらに，殺人の検挙人員は，1960年代までは

400人前後であったが、1970年以降減少し、ほとんどの年で2桁になっている。したがって、以前に比べて少年の殺人が増えたということは確認できないのである。また、強姦も1960年代をピークに大幅に減少しており、強盗のみは、1990年代後半から再び増加傾向がみられるものの、その内実の検証が必要で、およそ凶悪とはいい難いものではないかと指摘されてもいる。

もちろん、犯罪統計には暗数がつきものであり、学校でのいじめや暴力行為にみられるように、文部科学省の「問題行動調査」で把握されるものの、必ずしも犯罪統計においては把握されないものもある。しかし、少なくとも、メディアが騒ぐような少年非行の増加や凶悪化は、警察・司法統計上は、裏づけられてはいないのである。

4 家裁と少年法の変化

現行少年法において、先議権を奪われた検察官を中心とする法務省は、1970年代まで、その失地回復を目指した少年法改正を繰り返し主張したが、裁判所などの強い反対のため、実現することはなかった。

しかし、1990年代に入って、家裁の裁判官から少年審判における非行事実認定問題が提起されたことに端を発した議論が、神戸事件などがメディアで大きく取り上げられたのを契機に、行為時16歳以上の少年による故意の行為によって被害者が死亡した場合を「原則逆送」とし、行為時14歳以上の少年を逆送の対象にするなど処罰可能性を飛躍的に拡大した2000年の少年法第1次改正に結び付いた。もっとも、厳罰化批判をかわすために、国会審議の場などでは、逆送の可能性が拡大するとしても、それは必ずしも処罰の可能性を大

きくするわけではないなどとの釈明もなされた。そして，長崎と佐世保での14歳未満の少年による殺人事件が大きく報道されたことを契機に，14歳未満の少年を少年院に送致できることを中心とした2007年の少年法第2次改正も行われた。なお，この改正についても，保護処分の選択肢を拡大しただけで，必ずしも厳罰化には当たらないとの釈明が，立法当局からはなされた。さらには，2008年の少年法第3次改正では，一定の重大事件で被害者等が希望する場合に，「少年の健全な育成を妨げるおそれがなく相当」と認められれば，非公開のはずの少年審判を被害者や遺族が傍聴できるようになった。

　加えて，家裁じたいが，1970年代以降，少年事件の迅速かつ形式的処理に向けた要領の作成が最高裁から求められるなど，その専門性が低下させられ，個々の少年の健全育成にとって最適な処分を選択するのではなく，形式的な事件の大小によって，少年の手続や処分が決められてしまうという傾向が顕著となってきた。

　こうして，少年法だけでなく，家裁じたいが変質していく中で，地域社会での少年のサポート体制を家裁調査官が付添人などと協力しつつ構築したうえで，非行少年の社会内での成長発達可能性を追求できる試験観察の実施数も減少を続けている。また，被害者等が希望すれば，ほぼ審判傍聴が認められる運用がなされていることもあいまって，調査官が調査を十分に行えなかったり，少年が十分に発言をできるように懇切を旨とし，なごやかに行われねばならないはずの少年審判が，少年が発言しにくい刑事裁判と同様な場に変質してしまうといった弊害も指摘されている。

　確かに，非行ある少年の健全育成を目的としている点や，保護手続・処分を，刑事手続・処分に優先させている点など，少年法の本質には未だ変更は加えられていないはずであるが，少年法の担い手

の変質ともあいまって，少年法のあり方は大きく変えられてしまったのである。

5 「原則逆送」とその問題点

少年法20条2項の運用　問題は，そうした少年法のあり方の変化が，妥当かどうかである。そこで，少年法第1次改正によって，20条2項に，行為時に16歳以上の少年が故意の犯罪で被害者を死亡させた場合に，但書に該当する場合を除いて，検察官に逆送しなければならないと定められた，いわゆる，「原則逆送」について，検討を加えてみよう。というのも，この規定こそが，上でみた変化を最も象徴していると思われるからである。

まず，この20条2項の運用を見るかぎり，特定の罪名に，形式的に該当しさえすれば，「原則」通り逆送されているようである。確かに，逆送後の刑事裁判において家裁への再移送決定もなされうるが，それもほとんど機能せず，報道によるかぎり，20条2項で逆送された少年の圧倒的多数は長期の懲役刑を受けているように見受けられる。そうすると，一定の重大事件を犯した16歳以上の少年については，戦前の少年法と同じ，刑罰優先主義に戻っているといえよう。

さらに，実務において，20条2項対象事件については，保護処分を許容しうる特段の事情がなければ逆送すべきとの運用が確立しつつあり，当該事件の場合には，家裁調査官が少年の保護処分による立ち直りの可能性を十分に調査しないといった社会調査の空洞化現象が生じているとの指摘もなされている。また，20条2項対象事件で逆送決定がなされなかったとしても，少年院に送致されたうえ，

その収容期間が従来に比べ非常に長くなりがちである。このように，20条2項の影響は多方面にわたっているのである。

「原則逆送の問題点」　しかし，そもそも20条2項を根拠づける少年法の不備は，必ずしも確認されているわけではない。むしろ，地域や時期が限定されているとはいえ，重大な非行について刑事処分を受けなかった少年たちが成人に達するまでの間に同種の重大な再非行に至った事案は少ないというデータさえ明らかになっているが，こうしたデータを反駁する実証的な研究は，改正前後でまったくなされていないに等しい。さらには，少年法第1次改正をめぐる国会審議においては，立法提案者から，逆送後の刑事手続における家裁への再移送の活用が強調されるとともに，20条2項は，調査官による調査にいささかも変更を加えるものではないなどという答弁がなされたが，実際には，そうした「立法者意思」とは大きく異なる運用がなされているといわざるをえないのである。

　問題はそれだけではない。逆送後に起訴された少年が，教育的な働きかけは皆無に等しい拘置所に長期間身体拘束され，刑事裁判ではうつむくだけでほとんど言葉を発することができないことは，長らく指摘されてきた。こうした状況では，少年が十分な主張をできないまま，誤った事実が認定され，ひいては誤った処罰がなされることになりかねない。なお，こうした問題への手当てもなされないまま，20条2項対象事件をすべて対象とする裁判員制度も実施され，裁判員の負担軽減ばかりが優先される中，ますます少年は法廷で小さくならざるをえない状況にあり，そうした少年への裁判員裁判は，国連子どもの権利委員会からも懸念の対象とされているのである。

　加えて，刑事裁判の結果，多くの場合で選択される自由刑の執行

に際して少年が収容される少年刑務所における処遇が，少年院におけるそれと比べて，必ずしも非行少年の健全育成という点で優っているというわけではない。というのも，少年刑務所においても，他の刑事施設と同様に，刑務作業の強制が処遇の中心であり，法務教官が個々の少年を担任し徹底した働きかけを行い，その教育や職業補導にあたることが処遇の中心である少年院とは大きく異なるからである。

このような現実を踏まえると，20条2項の立法や，これを「原則逆送」と解することが，そもそも少年法の目的に沿ったものといえるのかについては，大きな疑問が残るといわざるをえない。とりわけ，少年の人権制約を必要最小限に止めようとする日本国憲法や子どもの権利条約に照らして，20条2項を単純に文理解釈することが本当に正しい解釈なのか，再検討する必要があろう。

6 結果の重大性と少年の刑事責任

重大事件の背景　少年法は，逆送後の少年の刑事裁判においても，すでに触れた家裁への再移送の他に，3年以上の自由刑を選択する場合，短期と長期を定めて言い渡される不定期刑や行為時18歳未満の少年への死刑不適用や無期刑の裁量的減軽などの特則を置いている。こうした特則の根拠としては，従来，少年が成人に比べ可塑性が高い，つまり，成人以上に更生する可能性が高いという点と，少年に対して，過酷な刑罰はなるべく避けられるべきという点が挙げられてきたといってよい。

ところで，近時，重大な少年事件の背景に，少年が虐待を受けてきたことや，日常的に暴力が支配する環境で育てられてきたことがあると指摘されるようになってきた。また，少年による重大事件に

関する刑事裁判において，発達障害が当該事件に大きな影響を与えているとの主張も，しばしばなされるようになった。

しかし，こうした主張に対して，刑事裁判所が，少年に被虐待歴や発達障害があることは認めても，犯行態様の凄惨さや結果の重大性に照らせば，この点を量刑上少年に有利に考慮することすら相当でないとして極刑が言い渡されたこともあった。また，検察官による論告で，被虐待歴や発達障害があっても重大な事件を起こさない者が多数いることなどを論拠に，重大な事件を犯した少年の刑事責任を軽減する方向でそれらを考慮すべきでないと主張される例もある。問題は，このような刑事裁判所や検察官の姿勢は，「責任なければ刑罰なし」という意味と，「責任に応じた量刑がなされねばならない」という意味での責任主義からみて，妥当かどうかという点にある。そこで，以下ではこの点について検討を加えよう。

責任主義と少年法 私たちの自由を保障する近代刑法とともに確立したとされる責任主義によれば，刑法に掲げられている罪となるべき行為にあてはまり，かつ，法令行為（刑法35条）や正当防衛（刑法36条）などを理由に正当化される場合ではないとしても，当該行為について行為者を法的に非難できないのであれば，犯罪は成立せず，犯罪が成立する場合であっても，この法的非難可能性の大小に従い量刑もなされねばならないと考えられてきた。さらに，現在の日本の刑法学説において通説的地位を占める規範的責任論によれば，行為者が，罪となるべき行為を避け，他の適法な行為を選択できたにもかかわらず，あえて，罪となるべき行為に走った時に，法的に非難できると考えられており，ここから，行為時点で行為者に適法行為を期待できない場合には，責任を問うことはできないという帰結も承認されてきたのである（期待可能性の理論）。

そこで，虐待や発達障害が少年に与える影響を改めて考えてみよう。被虐待体験は，少年に自尊感情を持てなくしてしまい，ひいては他者を尊重することを困難にしてしまう可能性を高める他，日常的に暴力を受けてきた体験は，少年が成長過程で直面する様々な課題を暴力で解決しようとする傾向を強めることなどが明らかとされてきた。また，発達障害には様々なものがあるが，その中には，他者の言動などによって，本人が一旦思い込んでしまうと，発達障害によってもともと視野や考え方が狭窄していることから，適法な問題解決方法はあるにもかかわらず，それを採ることができないという結果をもたらすものもあるという。

　そうすると，被虐待体験や発達障害が，個別の行為や行為に関する動機形成などに大きな影響を与えており，当該少年が適法な問題解決方法を採ることができなかった，ないし困難であったといった事実が認定されるのであれば，規範的責任論に立つ以上，少年に，当該行為について，期待可能性の欠如を理由に刑事責任を問うことはできず，あるいは，その減弱を理由に刑事責任は軽減されねばならないはずである。刑事裁判所が，被虐待体験や発達障害を有しながらも，適法な問題解決方法を採ることができた他の少年と比較して，当該少年が適法な問題解決方法を採ることができなかったことを単純に非難することは許されない。あくまで，当該少年にとって，行為時点で，他の適法な問題解決方法を採ることが容易だったのか，困難ないし不可能だったのかが判断されねばならないのである。さらには，刑事裁判所が，少年による犯行態様の凄惨さや結果の重大性を理由に，被虐待歴や発達障害の影響を真剣に検討しようとしない点にも問題がある。というのも，規範的責任論に立つかぎり，当該行為による結果の重大さは，本来，適法行為の期待可能性の有無とは関連がないはずだからである。

少年刑事裁判のあり方

したがって，少年の刑事責任を正確に判断するためには，刑事裁判の場で，被虐待体験や発達障害の有無だけでなく，それが，どのように当該行為に影響を与えていたのかについて，少年の情緒・心理面での成長発達に詳しい専門家の知見を借り，まず正確な事実認定がなされなければならないはずである。少なくとも，他の証拠から，行為態様や結果についての事実認定が形式的に行われ，そこからただちに，少年の刑事責任までも形式的に判断されることは妥当ではない。少年法50条が，科学主義は少年の刑事裁判にも妥当する旨定めていることが，ここでは強く想起されねばならないのである。

そのうえで，当該少年の健全育成にとってどのような処分が最適なのかが，刑事裁判においても改めて問われなければならないのである。とりわけ，被虐待体験によって自尊感情が乏しく，その結果，他者をも尊重できなくなり，他者の痛みを感じることができるような成長を遂げていない少年の場合，その成長のために必要なことは，自らが社会から必要とされる人間であると感じられるような育て直しであると専門家からは指摘されている。そうした指摘が十分に考慮されたうえで，刑事裁判所において，当該少年の健全育成にとって保護処分が最適であると判断されるのであれば，家裁への再移送がなされなければならないのである。

もっとも，重大な結果が生じた事件につき，少年が処罰されないという帰結には，社会の安全や犯罪被害者保護の観点から強い異論があろう。しかし，少年が長期間刑務所に収容されたとしても，少年が抱えている課題が克服されず，長期の受刑によって社会で生活することじたいが困難となれば，結局，重大な再犯のおそれが高まることになりかねない。そして，その結果，新たな被害者が生まれてしまうことは，私たちの社会にとって本当に望ましいことなのだ

ろうか。また，犯罪被害者保護の点では，私たちは，多くの被害者が心理面でも経済面でも十分な支援を受けられないまま放置され，場合によっては，心ない者により2次被害を受けていることへの対策が急務なはずであり，少年への厳罰によって被害者が救われるわけではないことに気づかねばならないのである。

7　今後の課題

　現在の刑事裁判の実務においては，少年法の理念は必ずしも顧慮されているとはいえず，事件の結果が重大であれば，形式的に長期の懲役刑が言い渡され，最悪の場合，死刑さえ選択される状況にある。しかし，ひどい虐待を受け，周囲から暖かい支援を受けることもなく育ち，自分などどうなってもかまわないという少年には，死刑すら威嚇とはなりえない。上でみたように，重大な結果を引き起こしたことを理由に少年を長期間刑務所に収容したとしても，問題は解消するどころか，むしろ悪化することさえありうるのである。
　とすれば，現代社会において，重大な少年非行への対策として，まず何が必要なのであろうか。私たちが，重大な少年非行を本当に防ぎたいというのであれば，本来ならば，それが生じるメカニズムを明らかにし，その要因を解消ないし緩和するための適切な対策が立てられねばならないはずである。しかし，日本の少年司法において，その取組みが十分になされてきたとはいえない。というのも，国連子どもの権利委員会が度々指摘したように，日本では，少年司法をはじめ，多くの場面で，子どもの権利保障がないがしろにされてきたからである。したがって，まずは，重大な事件を起こしたとされる少年が，自らの考えや意見を十分に発することができるよう，その権利や少年司法における適正手続を保障することが必要な

はずである。そうした適正手続を踏んだ調査や審判を通じて、はじめて、重大な少年非行の真の要因が浮かび上がるはずである。そして、手ひどい虐待を受けた少年であっても、自分が周りから大切にされていると痛感することで、はじめて、他者を尊重できるように変わることができるのではなかろうか。

さらには、保護処分や刑事処分などの少年非行対策が、どのような成果を上げてきたのかについての本格的な検討も今後の課題である。たとえば、重大事件を犯した少年の少年刑務所への収容が、真に当該少年の健全育成を実現してきたのかについて、エビデンスに基づいた議論もなされねばならない。

いずれにせよ、少年司法を現状の成人向けの刑事司法に近づけることは、歴史的所産である少年法を形骸化させ、少年非行の要因を隠蔽し、私たちの社会に必要な少年非行への真の対策を取ることを遅らせるだけであることが肝に銘じられねばならないのである。

〔参考文献〕
葛野尋之編著『少年司法改革の検証と展望』（日本評論社、2006年）
高松少年非行研究会『事例から学ぶ少年非行』（現代人文社、2005年）
高岡健編著『少年事件』（明石書店、2010年）
寺尾絢彦『家裁調査官が見た少年法50年』（現代人文社、2003年）

【岡田行雄】

第10章 企業活動と刑法

■この章で考えること
　企業活動の過程において，人の生命・身体，財産が侵害され，または脅かされる場合がある。それでは，いかなる企業活動を規制し，企業内の誰にいかなる刑罰を科すべきであろうか。この章では，企業活動に対する刑事責任について考えてみよう。

1　企業活動に対する刑事責任

現代社会と企業活動　　現代社会において，企業は，日常生活に不可欠な存在である反面，その不正・違法な活動によって，時として，不特定・多数人の生命や身体，財産が害されるなど，広範・深刻な被害が発生している。その場合，企業内の個人に加えて，企業自体も処罰すべきであるという社会的要請も強まる。しかし，企業活動に対する刑事責任は，それほど容易な問題ではない。そこには，刑事責任を負うべき主体，刑事責任を課すべき意義・根拠，範囲，刑事責任の成立要件をはじめ，解決すべき多くの問題が存在する。

法 人 処 罰　　刑罰法規は，犯罪の主体，客体，行為，結果などの構成要件要素を規定している。たとえば，殺人罪の主体は，「人を殺した者」（刑199条）とされている。この「者」とは，生身の人間である「自然人」を意味しており，企業等の「法人その他の団体」を含まないと解されてきた。法人は，自然

人と異なり，非難可能な肉体・精神をもたず，「犯罪能力がない」と考えられたからである。このため，企業自体が殺人罪に問われることはない。

　しかし，企業自体の刑事責任は，例外的に認められる場合がある。たとえば，独占禁止法（独禁法）は，「法人の代表者……その他の従業者が，その法人又は人の業務又は財産に関して，……違反行為をしたときは，行為者を罰するほか，その法人又は人に対しても，……罰金刑を科する」(95条) と規定している。これは，違反行為をした自然人に加えて法人をも処罰する「両罰規定」と呼ばれる。両罰規定は，自然人の違反行為を前提とし，法人・自然人事業主に対して，従業者を選任・監督するうえでの過失の存在が推定されることを根拠に刑事責任を課す趣旨である（過失推定説）。事業主側は，過失の不存在を証明できた場合にかぎり，免責される。刑法典以外の法令には，両罰規定が多数存在する。

　こうして，現行法は，刑法典上は自然人処罰を原則とし，特別法上に両罰規定が存在する場合に法人処罰を認めるという基本的立場を採る。この章では，こうした理解を前提としつつ，企業活動に対する刑事責任が問題となるいくつかの犯罪類型についてみていくことにする。

2　刑事製造物責任

製造物事故と刑事責任　家電製品や自動車，食料品などに重大な欠陥が存在した場合，その事実を知らずに製品を購入・利用した不特定・多数人の生命・身体に深刻な被害が発生しうる。①粉ミルクの原料中に大量の砒素が混入していたため，乳児1万人以上が砒素中毒となり，100人以上の死者を出した

森永ドライミルク事件（徳島地判1973〔昭和48〕・11・28刑月5巻11号1473頁）や，②非加熱血液凝固製剤（C剤）につきHIV感染による死亡例が報告された後も販売を継続し，販売済みのC剤を回収しなかった結果，C剤を投与された患者がHIVに感染して死亡した薬害エイズ（ミドリ十字ルート）事件（大阪高判2002〔平成14〕・8・21判時1804号146頁）は，その例である。

　①②はいずれも刑事事件である。こうした事案では，業務上過失致死傷罪（刑211条1項前段）が問題となる。本罪に両罰規定はなく，刑事責任は，企業内の個人に向けられる。その場合，実際の行為者とともに，上層部の者についても，当該従業者を選任・監督するうえでの注意義務に違反したという形で過失責任が問われうる（監督過失）。①の事件では製造課長と工場長の2名，②の事件では代表取締役社長，副社長兼研究本部長，専務兼製造本部長の3名が本罪で起訴された。

　本罪は，(a)業務上の(b)過失により(c)人を死傷させた場合に成立する。業務とは，社会生活上の地位に基づき，反復継続して行う事務・事業のことである。企業による製品の製造・販売活動はこれに該当する。過失とは，注意義務違反のことである。注意義務の内容については議論があるが，「予見可能性」が共通の前提である。注意すれば死傷結果を予見しえたのにそうしなかった場合，「非難可能性」が認められるからである。しかし，さらに問題となるのは，予見可能性の対象・程度である。この点，①の事件では，本来食用でない原料を使用する際，製造の由来や流通過程を確認しないかぎり感じられる不安感・危惧感があれば予見可能性を肯定しうるとして，製造課長が有罪とされた。これは，予見可能性の対象を抽象的に捉え，危惧感を打ち消す程度の結果防止措置を義務づけることで，未知の事故・災害に対応することを試みるものであったが，

現在は，責任主義の見地から，過失犯処罰が結果責任を問うものになることを避けるため，予見可能性の対象を具体的に捉えつつ，その可能性もある程度高度なものでなければならないとする立場が広く支持されている。

過失行為は，②の事件のように「回収措置を講じない」という不作為の形式をとる場合が多い。この場合，回収措置を命じる前提として，作為によって法益に対する危険を除去するべき法的義務を有する者は誰かという問題が生じる。これは，不作為犯における保障人的地位の問題であり，その発生根拠に関しては激しい議論があるものの，②の事件では，3名全員が有罪とされた。

最後に，本罪は，死傷結果の発生を要件とする「結果犯」であり，過失と結果との間に「因果関係」が必要である。しかし，製造物事故では，その原因が製造物の欠陥と消費者の使用方法・点検不備のいずれにあるのか，立証が困難な場合も少なくない。

今後の課題　製造物事故の刑事責任に関しては，理論的・実務的な問題が存在する。深刻な被害に対して刑罰が必要な場面は想定されうるが，刑罰のみで対応することには限界がある。厳格・適正な刑事手続は，原因究明に寄与しうるが，これを第1の目的とするものではない。刑罰は，被害拡大の防止や被害回復にも直結しない。

現在，自動車リコール制度の強化，無過失損害賠償責任（製造物責任3条），違反行為の内部通告を促進する公益通報者保護制度，各種事故調査委員会の設置など，多様な制度が整備・拡充されつつある。こうした諸制度を併せて活用することによって，被害防止に取り組む必要がある。

3　独占禁止法違反の罪

経済活動に対する法的規制　経済活動は，原則として自由競争に委ねられている。需要と供給を反映した生産・流通，価格決定作用が正常に機能すれば，合理的な経済秩序が形成され，均衡的な経済循環が実現される。その反面，特定・少数企業の市場占有・支配により自由競争が制限されている場合には，経済活動に対する法的規制の必要性が生じてくる。

独禁法は，「公正且つ自由な競争を促進し，……一般消費者の利益を確保するとともに，国民経済の民主的で健全な発達を促進すること」（1条）を目的とする「経済秩序の基本法」である。

独禁法は，多様な規制を設けている。その3本柱は，❶私的独占（3条，2条5項），❷不当な取引制限（3条，2条6項），❸不公正な取引方法（19条，2条9項）である。違反行為に対しては，刑罰（89条以下）のほか，排除措置命令（7条，20条）や課徴金納付命令（7条の2，20条の2以下）などの行政処分，無過失損害賠償責任（25条）なども規定されている。

法執行機関である公正取引委員会（公取委）は，行政調査の実施，勧告・注意措置，行政処分の発出，発出先の公表，犯則事件の調査・告発など，多様な職務権限を有するが，その中核は行政処分である。排除措置は「違反行為・状態の排除により競争秩序の回復・整備を図ること」，課徴金は「事業者の経済的利益を国庫に納付させることによって違反行為の経済的誘因を縮小し，抑止効果を強化すること」を目的としている。

不当な取引制限の罪　公取委は，重大・悪質事件の刑事告発も積極的に行っている。刑罰の対象である私的

独占,不当な取引制限のうち,実際に刑事告発されているのは,後者である。

不当な取引制限の罪は,(a)事業者が(b)他の事業者と共同して対価を決定・維持するなど相互の事業活動を拘束・遂行し,(c)公共の利益に反して(d)一定の取引分野における競争を(e)実質的に制限した場合に成立する。③原油価格が高騰する中,市場の80%を占める石油会社12社が製品の値上げ幅とその実施時期について協定を結んだ場合,合意により各社の価格が固定される結果,石油市場価格が支配されて有効な競争が期待されず,消費者は当該価格で製品を購入せざるをえない状態となる。この場合,本罪が成立する(石油価格カルテル事件(最判1984〔昭和59〕・2・24刑集38巻4号1287頁))。

本罪はカルテル全般を禁止するものであるが,最近の刑事事件の多くは,公共機関の入札談合事案である。入札談合とは,競争参加者の中で最も有利な内容を提示した者と契約締結する制度において,特定の者に契約締結させるため,競争参加者が通謀して,他の参加者は不利な内容で入札する協定を結ぶことである。防衛庁燃料談合事件をはじめ,この種の事案は枚挙に暇がなく,社会的・政治的にも重大な問題であることから,厳格な対応がなされているものと推測される。

独禁法は,先にみた両罰規定のほか,防止・是正措置を講じなかった法人の代表者を処罰する三罰規定も置いている(95条の2)。この規定は,企業の最高責任者の監督責任を問う趣旨である。また,刑罰の感銘力と実効性を十分確保するため,自然人行為者と法人の罰金額の連動が切り離され,法人等の事業主に対する罰金の上限は5億円となっている(法人重課)。

現状と課題 独禁法は,抑止力・執行力の強化を目指し,罰金の上限や課徴金額の引上げなどの数次の改正

を経ている。刑罰が要件・手続の厳格さから時として硬直化・形骸化する傾向にあるのに対して，課徴金が行政庁による機動的かつ簡明・迅速な処理を可能にするものであることもあり，現在，課徴金の役割は，刑罰を超えるものとなりつつある。

　確かに，高額の課徴金の幅広い活用によって，違反行為に対するより高い抑止効果が期待されるが，そこには問題もある。現行法上，違反行為に対して，課徴金と罰金の併科が可能である（上乗せ方式）が，これは，実質的にみれば「二重処罰の禁止」（憲39条）に反する疑いがある。課徴金と刑罰は趣旨・目的，手続を異にする以上，その併科は憲法に違反しないとされているが，現在の課徴金制度は制裁的色彩を相当強めており，刑罰との相違は相対的なものとなりつつある。課徴金と損害賠償制度の併置についても同様である。課徴金と罰金の調整規定（7条の2第19項）の導入は，この点に配慮したものかもしれない。課徴金が重要な役割を担っていることは事実であるが，抑制的水準であった課徴金額を大幅に引き上げていく際には，慎重な検討が必要である。なお，課徴金については，違反の自主申告による措置減免制度（7条の2第10項以下）が導入され，秘密裡になされる違反行為の摘発に貢献している。さらに，多くの入札談合事件を契機として，いわゆる「官製談合防止法」が制定され，発注公務員側の懲戒，刑罰などの法的規制も順次整備されてきている。

　しかし，違反事件が減少する兆候はない。経済活動の国際化に伴い，違反行為の予防・排除は，国際的課題となっている。国内法制度の整備・拡充，公取委による厳正な法執行とともに，国際的基準に合致した規制制度の整備・構築も求められている。

4 証券犯罪

資本市場に対する法的規制　国債証券や株券などの有価証券の発行・流通市場（資本市場）は，発行側の資金調達と投資側の資産運用の2点を柱とする。そこでは，証券発行側の情報の正確性・平等性と証券取引の公正性が重要となるが，いわゆる「金融ビッグバン」による市場改革によって，資本市場の法的規制の重要性はさらに高まった。

金融商品取引法（以下「金商法」という）は，「資本市場の機能の十全な発揮による……公正な価格形成を図り，もって国民経済の健全な発展及び投資者の保護に資すること」（1条）を目的として，資本市場に対する横断的・包括的規制を設けている。金商法は，「情報開示規制」と「不公正取引規制」の2点を中心とし，❶有価証券届出書・報告書の提出を義務づける（5条，24条以下）とともに，❷不公正取引（157条），❸風説流布，偽計，暴行・脅迫（158条），❹相場操縦（159条），❺インサイダー取引（166条以下），❻損失保証・損失補填（39条）などを禁止している。違反行為に対しては，刑罰（197条以下）のほか，業務改善・停止命令（51条以下），課徴金納付命令（172条以下）などの行政処分，損害賠償制度（160条）も併せて導入されている。

資本市場の監視については，金融庁下の証券取引等監視委員会（証取委）が重要な役割を果たしており，業者等への報告聴取・検査，課徴金調査，犯則事件の強制調査・告発などを行っている。

インサイダー取引の罪　相場操縦・損失補填と並ぶ「3大証券犯罪」の1つであり，刑事告発・課徴金納付命令の勧告数の主要部分を占めるインサイダー取引の罪に焦点を

当てる。

インサイダー取引とは，未公開の重要情報を入手しうる地位にある者が，情報公開前に，関連企業の株式等を売買する行為を指す。本罪は，T社が取引上で巨額の損失を出したが，その事実の公表前日，取引先金融機関がT社株をすべて売却し，株価急落による不利益を免れた事件を契機として，証券市場の公平性と一般投資家の信頼を確保するため，1988年に創設された。

本罪は，(a)会社関係者等が(b)未公表の重要事実を(c)職務・権利行使等に関して知り，(d)その公表前に(e)当該会社の株式等を売買した場合に成立する。④薬品会社の新薬の副作用とみられる死亡事故が発生した際，同社の役職員・情報受領者らがその事実の公表前に同社株を売却した日本商事事件（最判1999〔平成11〕・2・16刑集53巻2号1頁），⑤A社と秘密保持契約を結ぶB社の監査役・代理人がA社のM&Aに伴う増資決定事実を知り，その公表前にA社株を購入した日本織物加工事件（最判1999〔平成11〕・6・10刑集53巻5号415頁）は，その例である。本罪には両罰規定があり（207条），課徴金の適用もある（172条以下）。

本罪は，(i)主体が会社関係者と第1次情報受領者に限定されている点，(ii)重要事実の範囲が詳細な例示，政令による技術的な補充（金商法施行令28条），および「その他重要な事実」という包括的条項（166条2項4号）から構成されている点，(iii)重要情報の入手と株式等売買の間の結び付きは不要であり，実際の利得を要しない「形式犯」である点などに特徴がある。そのため，(i)関係者の会話を盗み聞きした者などの第2次情報受領者が除外される点，(ii)当該規定から規制内容を知ることが困難である点，(iii)違反行為の実質・程度が必ずしも明らかでない点などが問題として指摘されている。そこでは，「構成要件の明確化による可罰性の限界の明示」と

「効果的な処罰の要請」が衝突する。

現状と課題 ライブドア事件や村上ファンド事件に代表されるように、資本市場の健全性確保は、なお重要な課題である。実際、金商法が規制強化の方向にあるのと同時に、刑事事件の告発件数、課徴金納付命令の勧告数も増加している。最高裁も、④⑤の事件で、インサイダー取引の罪の柔軟な解釈、弾力的な適用の姿勢を覗かせている。

確かに、日々高度・専門化する当該分野で、不測の事態に刑罰で対応することが必要となる場合もある。しかし、規制範囲の明確化は、投資家の行動の自由にとって生命線である。規制の限界を画し、実効性の確保と処罰範囲の明確化の保障との適切な調和を図るためには、各罪の是非・当否、規制の具体的対象、相互関係などについての検討が必要である。そして、刑罰のみならず、企業や業界、金融商品取引所等の自主規制、法令遵守体制整備の効果にも期待しつつ、課徴金等の行政処分・措置を中心として、違反行為の予防・摘発に努めることが必要である。

5 会社経営に関する罪

会社経営に対する法的規制 会社の大多数である株式会社は、多数の株主から十分な資本を集めることが可能となる。会社経営者には、会社財産の適切な維持・増進とともに、その社会的・経済的な影響力に照らし、職務行為の公正さが求められる。他方、株主の不正な権利行使も防止する必要がある。こうして、会社経営の場面では、会社関係者に対する規制とその遵守が要請されることになる。会社法は、❶特別背任罪（960条，961条）や❷会社財産危殆罪（963条）など「会社財産の保護」に関する規定、❸取締役等や

株主の贈収賄罪（967条，968条）のように「関係者の職務・権利行使の公正さ」に関する規定，いわゆる総会屋の排除による「会社運営の健全性確保」に関する❹利益供与罪（970条）を規定している。これらの犯罪に両罰規定はなく，自然人が処罰される（なお，972条）。行政処分としては，過料が規定されている（976条以下）。

不正融資と刑事責任　金融機関の担当者が無担保または担保不十分な貸付けを行う不正融資は，バブル経済崩壊後，「住専問題」など一連の不良債権問題の中で表面化した。

不正融資者の刑事責任は，特別背任罪の成否という形で問われる。本罪は，刑法典上の背任罪（刑法247条）の加重類型であり，(a)取締役等の特定の地位・身分を有する者が(b)自己・第三者の利益を図り，または会社に損害を加える目的で(c)任務違背行為をして(d)財産上の損害を与えた場合に成立する。⑥銀行の代表取締役Xと常務取締役Yが業績不良の子会社M等に約142億円を融資した大光相互銀行事件（新潟地判1984〔昭和59〕・5・17判時1123号3頁）は，本罪の成立が肯定された著名な事件の1つである。

任務違背とは，事務処理における会社との信任関係に反することであり，法的代理権の濫用のほか，信任関係に違背する権限逸脱行為・事実行為も含む。具体的には，「不正融資」，不当な会計処理によって架空の決算利益を計上する「粉飾決算」，⑦百貨店の代表取締役XがA交易会社経営者兼B社代表取締役であるYと共謀し，海外輸入品をA社からB社に転売させて自社に仕入れさせることでその差益をYに取得させた三越事件（最決1997〔平成9〕・10・28判時1617号145頁）のような「第3者への利益供与」などが挙げられる。

任務違背性については，法令，定款・内規等の違反の有無が基本的な判断要素となる。もっとも，融資先の倒産を防ぐため，これら

に反する形で融資を行う場合（救済融資）もある。その場合，融資先の財務状況，経営手腕，貸付金の使途などの調査，確実な担保・安全性の確保といった具体的状況が重要な判断要素となる。

　本罪は，財産的損害を要件とする。この損害には，行為時と行為後の会社全体の財産状態を差引評価し，財産価値が減少した場合と，増加しえたであろう価値が増加しなかった場合の両方が含まれる。この点で，個別・特定財産の喪失を要件とする窃盗罪（刑235条）その他の財産犯とは基本的に性質が異なる。さらに，本罪は，「損害発生の認識・予見」（故意）に加えて，「図利加害目的」を必要とする「目的犯」である。会社の利益を図る目的の場合，本罪は成立しない。会社の利益を図る目的と図利加害目的が併存する場合には，その主従関係によって本罪の成否が判断される。

　最後に，利益交付の相手方につき，本罪の共犯の成否も問題となる。⑦の事件では，Yに本罪の共同正犯（刑60条）が認められている。他方，⑧H銀行代表取締役頭取YがI協会専務理事Xらに働きかけ，H銀行に対する代位弁済を実行させた北國銀行事件（最判2004〔平成16〕・9・10刑集58巻6号524頁）では，Yの共同正犯が否定されている。任務違背者と利害関係の異なる相手方に共犯を認めるためには，「正犯と同程度の認識」が必要である。さらに，債務者による債権回収の妨害については，強制執行妨害罪（刑96条の3），競売入札妨害罪（96条の6）なども問題となる。

コンプライアンス・プログラム（CP）と刑事責任

会社法は，取締役等に対して，法令等を遵守する忠実義務（355条），法令・定款適合性の確保を目指した体制を整備する義務（348条3項4号）を課している。こうして，会社には，法令・定款，社内規定・指針等の遵守その他の内部統制システムを構築・運用すること（CPの策定・実施）が法的に義務づけられている。

CPの策定・実施の事実は，犯罪結果に関する企業自身の過失を否定するなど，犯罪成否の認定に関わる「一資料」となる余地がある。当然ながら，CPが画餅でなく，真の効果を発揮するためには，CPの形式的な存在それ自体でなく，その内容や実施方法こそが決定的に重要である。CPの策定・実施の事実を「量刑」や「検察官の訴追裁量」の場面に反映させることをはじめ，こうした新たな諸制度が定着・機能し，不正・違法な企業活動の防止に十分な効果をあげていくよう，今後も検討を進める必要がある。

6　今後の課題と展望

　自由・公正な経済社会の形成を目指した規制緩和政策によって，経済社会・市場の公正性・透明性・健全性を確保するため，事後規制に重点が置かれ，刑罰その他の制裁は，強化傾向にある。
　その中で，企業活動に対する刑事責任を考える際には，罪刑法定主義や責任主義などの基本原則，法益保護主義，謙抑主義などの刑法の意義・機能，基本的性格に照らし，当該犯罪の成否・限界の画定はもとより，当該犯罪の必要性・合理性，刑罰以外の制裁による代替可能性についても，検討しなければならない。また，法人重課は法人に対する高額の罰金刑を可能にするが，企業の規模に応じて，罰金の与える影響は多様である。企業の違法な活動による莫大な収益を適正に剥奪する必要もある。そこでは，企業活動の文脈での刑罰の意義・機能，刑罰制度の修正または新たな刑罰の創設の要否，両罰規定を基軸とする現行法制の基本的立場の是非などが問われることになる。
　現代社会において，企業は社会的・経済的に重大な存在である。不正・違法な企業活動を効果的に防止するためには，企業・業界等

による「自主規制」と国家による「法的規制」の双方がうまく機能しなければならない。法的規制は不可欠であるが、それだけでは不十分である。さらに、不正・違法な企業活動の中には、法的制裁が不可欠と考えられるものも存在するが、法的制裁は、刑罰に限定されない。最も峻厳な制裁である刑罰の対象・範囲を選別・明確化し、企業活動の自由を可能なかぎり保障することも重要である。そして、刑事法のみならず、行政法、民事法上の諸制度も含めた法制度全体による段階的・重畳的対応が重要であることを認識したうえで、企業活動に対する刑法のあり方を検討しなければならない。

〔参考文献〕
甲斐克則編著『企業活動と刑事規制』(日本評論社、2008年)
神山敏雄ほか編著『新経済刑法入門』(成文堂、2008年)
川崎友巳『企業の刑事責任』(成文堂、2004年)
芝原邦爾『経済刑法』(岩波書店、2000年)
樋口亮介『法人処罰と刑法理論』(東京大学出版会、2009年)

【澁谷洋平】

第11章 消費者保護と刑法

■この章で考えること
　消費者保護のため，刑法の果たすべき役割とはなにか。消費者が被害者となるのは，主として詐欺的行為による。振り込め詐欺を例に詐欺罪の構造を検討したのち，利殖勧誘商法をとりあげて，業法上の規制と詐欺罪の関係について考えてみよう。

1　消費者保護と事前規制・事後規制

　現代社会は，消費社会である。数多くの商品が街にあふれ，国民はその恩恵を享受している。恩恵のあるところ，それを悪用し，犯罪によって利益を得ようとする者があらわれるのは世の常である。刑法は，こうした者から消費者を保護するために，どのような機能を果たすことができるのであろうか。
　刑法は，犯罪と刑罰に関する法であるといわれる。ある行為が犯罪であるかどうかを評価し，もし犯罪であるということになれば，刑罰によってこれを処罰するという形で，事後的に制裁を課することが本来的な機能である。したがって，刑法が消費者保護において果たす役割といった場合，もともとは，事後的な処罰による問題解決が中心であった。詐欺罪による処罰は，その典型である。詐欺による損害の発生があってはじめて，行為者に刑罰が科せられることになる。しかし，消費社会においては，それだけでは不十分である。犯罪被害が生じる前に，その犯罪の発生それ自体を防ぐため

に、刑法が活用されなければならない。利殖詐欺や出資法違反については、このような観点から、損害の発生を待つまでもなく、刑罰を活用する方向が議論されている。いわば、刑法（刑事罰）の事前規制的な方向での活用である。

一方、従来、消費者を保護するためにとられてきた方法は、許可制・登録制・届出制などの方法で事業者を規制し、これに違反した者を行政刑罰法規により処罰するという形であった。これは、行政法的な規制の実効性を刑罰によって担保するという方法であり、詐欺罪などの刑法犯としての処罰するのとは異なる。しかし、いわゆる規制緩和の影響で、このような事前規制の役割はかなりの程度縮減され、現在は、事後規制を中心とした規制方法に転換してきている。行政法（行政罰）の事後規制的な方向での活用である。

また、近時は、損害の公平な分担を目的とする民事法の領域においても、民事制裁の活用が議論されている。たとえば、アメリカで行われている懲罰的損害賠償などは、その1例といえよう。

以上のように、消費者保護のための方法は様々であるが、具体的にどのような形で規制を行うべきか。消費者保護が問題となる領域は、たとえば、利殖勧誘商法、ねずみ講やマルチ（まがい）商法、食品偽装など様々であるが、いずれも、広い意味で消費者を騙す詐欺的事犯であるといえる。すなわち、消費者保護をいかに達成するかという問題は、結局は、詐欺的行為をいかに規制するかという問題に収斂するのである。

2　刑法における詐欺罪の規制——振り込め詐欺を例に

詐欺罪の構造　消費者保護のための規制は、刑法においては、詐欺罪が中心を担っている。詐欺罪は、刑法

246条に規定されているが、その成立には、①欺罔行為→②錯誤→③処分行為→④騙取、という独特の因果関係が必要である。

詐欺罪は、「交付罪」と呼ばれる犯罪である。「交付」が必要とされる点で、同じく占有を奪う犯罪である窃盗罪・強盗罪と異なる。窃盗罪・強盗罪は、人の物をとってしまう犯罪であるが、詐欺罪の場合は、人が自ら財物を渡す犯罪である。その点で、恐喝罪と同類の犯罪類型であるということができる。

詐欺罪は、客体により、1項詐欺と2項詐欺に分かれる。それぞれ、246条1項と同条2項に分かれて規定されていることがその名称の由来である。1項詐欺は財物、2項詐欺は財産上の利益が客体になる。財物とは、他人の占有する他人の財物をいう。財産上の利益とは、財物以外のすべての利益である。ここには、積極的利益（たとえば、債権の取得、サービスの提供など）のほか、消極的利益（たとえば、支払うべき債務を免れるなど）も含まれる。

詐欺罪は、人に対してしか成立しない。①欺罔行為→②錯誤→③処分行為→④騙取、という因果関係が必要であるため、錯誤に陥らないものに対しては、詐欺罪は成立しえないのである。つまり、機械に対する詐欺は成立せず、窃盗罪を構成するにすぎない。たとえば、拾ったキャッシュカードで他人の口座から金銭を引き出す行為は、窃盗罪ということになる。

処分行為により、被害者が財物または財産上の利益を喪失し、詐欺行為者が、それを自由に処分できる地位を獲得することで、詐欺罪は既遂となる。そして、詐欺罪は個別財産に対する罪であるから、被害者において、財産上の損害が発生していることが必要となる。

振り込め詐欺の解釈論 —— 具体的事例

以上の理解を前提に、消費者保護において、近時、大きな問題となっている、い

わゆる「振り込め詐欺」がどのように処罰されるのか，事例を使って考えてみよう。

【ケース】 甲は，借金を返済することができず困窮していたところ，以前，友人の乙が「俺のところへ預金通帳を持ってくれば高く買い取ってやる。」と言っていたのを思い出した。そこで，甲はＡ銀行へ行き，新たに自己名義の普通預金口座を開設し，預金通帳およびキャッシュカードを作成・取得すると，これを乙のもとに持参した。乙は喜び，甲の持参した通帳とキャッシュカードを10万円で買い取った。ところで，乙が甲に通帳の話を持ちかけたのは，いわゆる「振り込め詐欺」を行うためであった。乙は，さっそく，自分と声の似ている知人Ｂの家に電話をかけたところ，Ｂの母Ｃが出たため，「母さん，俺だよ。ヤクザ相手に交通事故を起こして，示談金を30万払わないといけないから，これから教える相手の口座にすぐ振り込んでくれよ。そうじゃないと何をされるか……」などとまくしたて，甲から取得した通帳の口座番号等を伝えた。Ｃは電話の相手が息子のＢであると信じ込み，すぐに近くのATMへ行くと，自己名義の普通預金口座から，指定された甲名義の口座に30万円を振り込んだ。その後，乙は30万円を引き出そうと考えたが，ATMの防犯カメラに自分の姿が映っては足がつくかもしれないと考え，日ごろ面倒を見ている職場の後輩丙を呼び出すと，「1万やるから，これで30万を下ろしてきてくれ」と頼んで，甲から受け取ったキャッシュカードを渡した。丙は，ATMから金を引き出すだけのことで他人に頼んだり1万円も払ったりするのは，引き出す金について何か後ろ暗い事情でもあるのではないかと疑い，ニュースで見た振り込め詐欺のことが頭に浮かんで躊躇したが，自分自身が人をだますわけではないうえ，日ごろ世話になっている乙の頼みでもあるし，小遣い稼ぎにちょうどよいと思い直して引き受けた。丙は，防犯カメラに自分の顔が映るのを避けるため，変装したうえ，Ａ銀行のATMへ行き，乙に言われたとおりキャッシュカードを使って30万円を引き出した。甲・乙・丙の罪責を考えてみよう。（ただし刑法上の罪に限る。）

準備行為としての預金通帳の取得
――1項詐欺罪の成否

甲は，第三者に転売する目的であることを秘して，A銀行において自己名義の普通預金口座を開設し，預金通帳およびキャッシュカード（以下「通帳等」という）を取得している。この通帳等の取得は，1項詐欺罪（刑246条1項）に当たるか。詐欺罪の成立要件のひとつである，財産上の損害の発生があるといえるかどうかが問題となる（通帳等の財物性については争いがないわけではないが，これを認めない見解はきわめて稀であろう）。

そこで考えてみると，通帳等を交付しただけでは，銀行にはなんらの損害も生じていないようにみえる。通帳等の交付により，通帳やキャッシュカードは失われているが，銀行は，預金の獲得により，それを上回る経済的利益を得る。銀行が関心を有するのは，預金を獲得できるかどうかであって，通帳等を失うことに関心は向けられていない。このように考えると，設問の場合，詐欺罪の成立は否定されそうである。

しかし，詐欺罪における財産的損害は，交付行為者における目的が達成されえない状況であるにもかかわらず財物の占有を喪失することと解するべきである。大震災の被害者を助けるためと偽って寄付を募り，それを自己の遊興費に用いたような場合，いずれにせよ反対給付がないのだから財産的損害はなく詐欺罪は成立しない，ということはできないであろう。目的の不達成という要素は，財物の占有の喪失という事態を財産的損害と評価するために不可欠なものである。

設問において，銀行の目的は達成されているか。銀行の目的を，単に預金を獲得することと考えると，前述のように，銀行には損害は生じていないようにみえる。しかし，銀行に対しては，公共機関として，口座を犯罪等に利用させないという社会的な信頼が寄せら

れているのであって，A 銀行も，甲が自己名義の通帳等を乙に譲渡して使用させることは認めないはずである（なお，銀行がこうした姿勢をとることについては，テロ資金送金の防止やマネー・ロンダリングの防止のために制定された「犯罪収益移転防止法」という法律上の根拠もある）。そうだとすれば，設例では，口座を不正利用させないというA銀行の目的は達成されなかったのだから，ここでは，通帳等の占有を喪失したことをもって，財産的損害が生じていると評価すべきである。こうして，甲には，1項詐欺罪が成立する。判例も，第三者に転売する目的で自己名義の銀行預金通帳を取得した場合について，1項詐欺罪の成立を認めている（最決2007〔平成19〕・7・17刑集61巻5号521頁）。

振り込ませる行為の刑事責任——1項詐欺罪か2項詐欺罪か　乙は，Bの母Cを欺罔して錯誤に陥らせ，口座に10万円を振り込ませている。こうした「振り込め詐欺」は，1項詐欺と2項詐欺のどちらに当たるのであろうか。1項詐欺と2項詐欺の違いは，客体が物か（刑246条1項）財産上の利益か（同条2項）という点にある。それゆえ，1項詐欺ととらえる見解は，口座に入金されれば口座名義人はその金銭を自由に処分できるのだから財物たる金銭の交付があったことになると論じ，2項詐欺ととらえる見解は，口座に入金されてもそれだけでは預金債権という財産上の利益を取得したというにすぎないと論じることになる。

　1項詐欺説には，口座に入金されても預金を払い戻すまでは金銭を自由に処分できるわけではないという批判が向けられる。しかし，ATM機やインターネット・バンキング等が普及している現在においては，金銭が口座に振り込まれれば，これを即時に自在に処分できる。むしろ，2項詐欺説における金銭債権の獲得という理屈は，理屈としては明快であるとしても，感覚的には，不自然であ

る。たとえば，読者も日々行っているであろう通信販売における決済を考えれば，振込みが終了した段階で，自分は金銭を支払い，店は金銭を取得した，と感じるのが自然であろう。そうであるとすれば，預金の状態で存在する金銭が「物」にあたるのかという難点があるものの（ここでは，財物概念がゆるやかにとらえられている），1項詐欺説は十分に説得力があるといえよう。最近の実務も，1項詐欺による処理が多いとされる。

出し子の刑事責任——窃盗罪の成否　丙は，乙に頼まれ，A 銀行の ATM において，振込まれた30万円を引き出している（このような役割を負う者は，「出し子」と呼ばれる）。仮に，乙と甲に事前の意思の連絡があれば，乙は詐欺罪の共犯となるが，設問では，そうした事情はない。犯罪が既遂に至ってしまったあとでは，共犯は成立しない。実際に問題とされているのは，銀行の占有する現金を対象とした窃盗罪（刑235条）が成立するかどうかである。

　ここで最初に検討しなければならないのは，預金債権の存否である。預金債権が存在しないならば，引出し行為は問題なく窃盗罪を構成するからである。誤振込み事件に関する最決2003〔平成15〕・3・12刑集57巻3号322頁（以下「平成15年決定」という）は，最近の民事判決（最判1996〔平成8〕・4・26民集50巻5号1267頁）を前提に，誤振込みを原因とする入金の場合でも，預金債権は有効に成立するとした。そうなると，それでも金銭の引出しが許されない理由が問われることになる。平成15年決定は，誤振込みが生じた銀行においては，誤振込みをした振込依頼人からの申出があれば，受取人の預金口座への入金処理が完了している場合であっても，受取人の承諾を得て振込み依頼前の状態に戻す組戻しという措置をとる方法があったのだから，受取人は誤振込みがあったことについて信義則上告知義務があり，告知義務に違反した不作為の詐欺罪が成立する，と

判示した。そして，この平成15年決定の論理を推し進めれば，誤振込みによる金銭をATMで引き出す場合には，窃盗罪が成立することになる。

このように，誤振込みの場合には，出し子には詐欺罪あるいはATM窃盗罪が成立するとして，振込め詐欺の場合はどうであろうか。最近の民事判決（最判2008〔平成20〕・10・10民集62巻9号2361頁）も，預金債権自体は成立する場合であっても，払戻しを受けることが，「詐欺罪等の犯行の一環を成す場合であるなど，これを認めることが著しく正義に反するような特段の事情があるときは，権利の濫用に当たる」という趣旨を述べている。これによれば，出し子の引出しが権利濫用である場合には刑事責任を問う，ということになるようにも思えるが，民事における権利濫用と刑事責任を連結させることには問題があるように思われる。また，権利濫用という基準は，ケースバイケースに陥り，刑罰権の発動を限界づける概念としては，あいまいすぎるようにも思われる。振込み詐欺における問題は，ATMからの引出しが，どの限度で窃盗罪として処罰されるか，ということであるが，ここでは，その基準が問われているのである（なお，筆者の見解については，後掲の参考文献を参照）。

3 業法における詐欺的行為の規制

業法における詐欺的行為の規制　消費者保護は，刑法における詐欺罪による規制だけでは不十分であるといわざるをえない。そのため，消費者保護のための業法が多数規定されている。消費者保護を，消費者の安全の確保にまで広げて考えれば，たとえば，薬害エイズの問題や，湯沸かし器の爆発等，製造物責任の問題も含まれてくるであろうが，これらの問題は別章に譲ることとし

(第10章参照)。ここでは、詐欺的行為により消費者が侵害される場合を考えてみよう。

まず、悪徳商法の規制が考えられる。たとえば、ねずみ講は、無限連鎖講防止法により処罰される。ねずみ講とは、金品を出えんする加入者が無限に増加するものであるとして、先に加入した者が先順位者、以下これに連鎖して段階的に2以上の倍率をもって増加する後続の加入者がそれぞれの段階に応じた後順位者となり、順次先順位者が後順位者の出えんする金品から自己の出えんした金品の価額又は数量を上回る価額又は数量の金品を受領することを内容とする金品の配当組織をいう(無限連鎖防止法2条)。人口が無限ではないことから、このような商法は必ず破綻するのであり、これを禁止・処罰する必要があるのである。また、ねずみ講に似たものとして、マルチ商法がある。マルチ商法は、連鎖販売取引と呼ばれるもので、その正確な定義は非常に複雑である(特定商取引法33条参照)。正確でないことを承知で単純化していえば、上位順位者が下位順位者を特定の負担をすれば大きな利益が得られることを示しつつ勧誘していく方法でピラミッド型の組織を構成する商法で、ねずみ講と類似のシステムである。マルチ商法は、禁止されてはいないものの、特定商取引法において厳しく規制されている。

近時よく話題となる食品偽装の問題も、食品衛生法やJAS法などによる規制がある。公衆衛生に危害を及ぼす恐れのある虚偽の表示・広告や、誇大な表示・広告は、食品衛生法により、処罰される。また、原産地を偽装した販売については、JAS法による処罰がある。また、不正競争防止法にも、他人の商品や営業と混同するような行為や、他人の著名な商品と同一または類似の商品を販売すること、商品の品質・内容等について誤認をさせるような表示を用いること等について、行為者が不正の目的を有するなど、一定の主

観的要件を満たす場合について，処罰する規定がある。

利殖勧誘商法の諸問題と詐欺罪

このように，業法による消費者保護のための規制は多様であるが，ここでは，いわゆる利殖勧誘商法を特に取り上げることにしよう。利殖勧誘商法とは，高利回りの商品であるといって不特定多数の者から出資金を集め，配当を支払うことができずに破綻するといった商法である。以前から多くの消費者が被害にあい，現在においても，しばしば耳目を集める事件が起きている。

利殖勧誘商法が最初に大きな注目を集めたのは，いわゆる「保全経済会事件」であった。保全経済会事件は，戦後間もなく，経済復興の初期である1953年に発生した事件である。当時，日本は朝鮮戦争で景気が上向きであったが，保全経済会は，それに乗じて，異常な高配当を約束して不特定多数人から資金を調達し（15万人，45億円とされる），自転車操業の状態で，配当を行っていた。しかし，もともと経済基盤が脆弱だったところ，スターリンの死去を契機としたいわゆる株価のスターリン暴落が起こると危機的状態に陥り，さらに配当を引き上げて資金を集めようとしたが，結局，破たんを来し，大きな社会問題となったのである。この事件については，詐欺罪の成立が認められた。しかし，詐欺罪の成立には，前述のように，①欺罔行為→②錯誤→③処分行為→④騙取，という独特の因果関係が必要であり，さらに，個別財産に対する罪であることから，損害の発生が必要とされてきた。そのため，それが確実となった時点以降についてのみ詐欺罪の成立が認められ，それ以前の段階については，詐欺罪として処罰することができなかった。

そのような状況を受けて1954年に制定されたのが旧出資法である。これは，本来，業法上の規制であるが，その制定の経緯からも，消費者保護の趣旨が含まれており，その理念は現在の出資法に

も受け継がれている。出資法の規制する行為のうち，消費者保護との関連では，出資金の受け入れの制限（出資法1条）と預かり金の禁止（同2条）が重要である（罰則は同8条1項）。出資金の受け入れの制限とは，不特定多数の者に対し，元本が保証されている有利な利殖であるかのように誤解を招く方法で，出資金を受け入れることを禁止するものである。預かり金の禁止とは，法律で認められた金融機関以外の業者が，その名目にかかわらず，預金や貯金に相当する金員を，不特定多数の者から集めることを禁止するものである。これらのうち，実務で多く用いられているのは，預かり金の禁止の規定の方である。これは，名目上，出資金として集められている金員が，実際に，当該事業に関与しているとはいえない場合が多いことによる。このような金員について，実務は，名目にかかわらず，預かり金に該当するものとして処理している。

　このように，出資法は，詐欺罪と異なり，金員を集める段階で詐欺的行為をとらえて処罰することができる。しかし，消費者保護の趣旨が含まれているとしても，あくまで業法上の規制であるから，詐欺罪としての処罰がふさわしい行為も多い。そこで，詐欺罪の成立範囲の拡大がはかられることになる。それを典型的に示しているのが，いわゆる「客殺し商法事件」（最決1992〔平成4〕・2・18刑集46巻2号1頁）である。事案は複雑であるため，概要だけを述べると，次のような事件である。

　D社は，顧客から依頼を受けて商品先物取引を行う商品取引員であった（商品先物取引とは，将来の価格を現時点で決めておく取引で，将来の価格が現在より高くなれば利益が生じ，低くなれば損失が生じる取引である）。D社の取締役甲・営業部長乙は，同社の従業員のいう通りにすれば必ず儲かるなどと述べて被害者を勧誘し，委託証拠金名義で，金銭を交付させた。しかし，それは，顧客が商品先物取引

について無知であることに乗じて，顧客の委託する商品先物取引でことさらに損失を与え，かつ，提供させる委託証拠金の大部分をD社に利得させる意図のものでなされたものであった。

このように，商品取引において通常の取引形態を装って顧客には損失ないし不利益をもたらし，業者に利益をもたらしうるように操作する方法を「客殺し商法」と呼ぶが，このような行為について，詐欺罪の成立を認めたのが，前述の1992年〔平成4年〕最高裁決定であった。同決定は，被告人らが客殺し商法によって顧客に損失等を与えるとともに，その利益をD社に帰属させる意図であるのに，D社が顧客の利益のために受託業務を行う商品取引員であるかのように装っている点を欺罔行為ととらえており，それにより金銭を交付した段階で，詐欺罪は既遂に至るとした。したがって，最終的な取引の結果，顧客に損失が生じない場合であっても詐欺罪が成立することになる。この点で，詐欺罪の守備範囲が拡大されたのである。

4 消費者保護と刑法の役割

刑法の謙抑性から考えれば，振り込め詐欺などを除き，業者が主として加害者となる消費者保護の領域では，刑事制裁よりも行政制裁による規制の方が，本来はのぞましいであろう。また，刑事制裁は，断片的で，実際の処罰がどの程度行われるのか疑問であるという指摘や，単なる象徴として刑事制裁を規定し，実際に用いないのは，刑事制裁のあり方として好ましくないという指摘もある。ただ，刑事制裁による規制は，業者によって脅威であり，抑止効果も高いと思われる。また，被害感情の沈静化という効用もある。消費者保護において，刑事制裁とその他の制裁をどのように機能的に住

み分けさせるか。制裁の効果も考慮に入れつつ，検討すべきであろう。

〔参考文献〕
木村光江「出資法と消費者の保護」法学教室（2000年）240号16頁
佐伯仁志「消費者と刑法」法学セミナー（2011年）681号18頁
松澤伸「演習」法学教室（2011年）374号166頁

【松澤　伸】

第12章 交通事故と刑法

■この章で考えること
　交通事故が犯罪として扱われるのはどのような場合だろうか。それにはどのような刑事制裁が科されているのだろうか。この章では、これらの問題について、自動車事故を主な対象として考えてみよう。

1　自動車事故の刑事責任

　現在のわが国は、1960年代頃からのモータリゼーションの進展に伴い、「国民皆免許時代」といわれるほどの「クルマ社会」となっている。このことは、多くの経済的・社会的発展をもたらすと同時に、人々が交通事故の被害者となるリスクの増加をももたらした。現に、警察庁の統計によれば、自動車事故に関する犯罪の認知件数は窃盗に次いで多く、全体の約3分の1を占めており、検挙件数では最も多く、全体の3分の2以上を占めている。

　これらの場合に適用される刑法典上の主な規定は、自動車運転過失致死傷罪（211条2項）と、危険運転致死傷罪（208条の2）である。また、道路交通法（以下「法」または「道交法」という）は、「道路における危険を防止し、その他交通の安全と円滑を図り、及び道路の交通に起因する障害の防止に資することを目的」として（法1条）、安全運転義務（法70条）などの交通ルールを規定し、その違反に対する罰則規定を設けることで（法70条違反については法119条1項9号、同2項）、間接的に人の死傷に関わる交通事故の発生を未然に

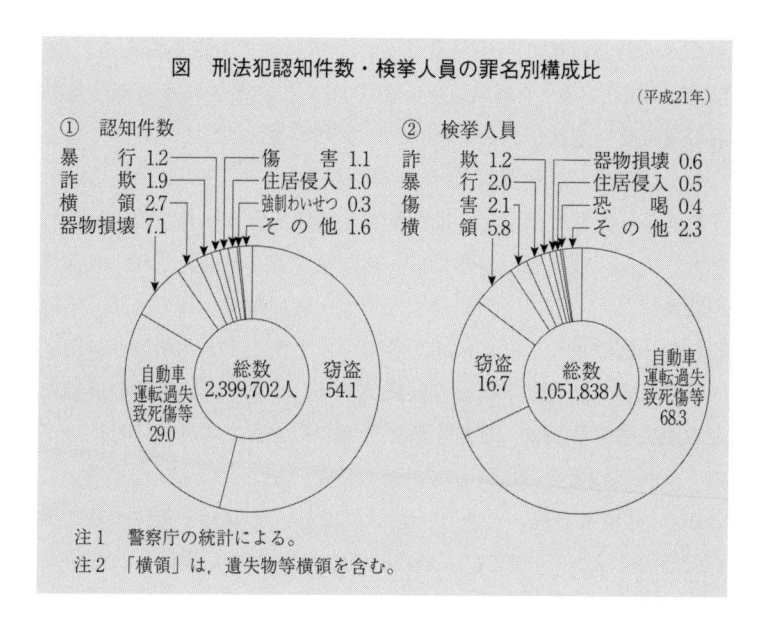

図　刑法犯認知件数・検挙人員の罪名別構成比

(平成21年)

① 認知件数

- 暴　　行 1.2
- 詐　　欺 1.9
- 横　　領 2.7
- 器物損壊 7.1
- 傷　　害 1.1
- 住居侵入 1.0
- 強制わいせつ 0.3
- その他 1.6
- 自動車運転過失致死傷等 29.0
- 総数 2,399,702人
- 窃盗 54.1

② 検挙人員

- 詐　　欺 1.2
- 暴　　行 2.0
- 傷　　害 2.1
- 横　　領 5.8
- 器物損壊 0.6
- 住居侵入 0.5
- 恐　　喝 0.4
- その他 2.3
- 窃盗 16.7
- 総数 1,051,838人
- 自動車運転過失致死傷等 68.3

注1　警察庁の統計による。
注2　「横領」は，遺失物等横領を含む。

防ごうとしている。さらに，ただ事故を起こしただけでなく，その後，ひき逃げが行われた場合なども問題となる。

　以下では，これらの自動車事故に関して問題となる刑事責任について検討していこう。

2　自動車運転過失致死傷罪

自動車運転過失致死傷罪とは　かつて，自動車による人身事故には，業務上過失致死傷罪（旧211条，現211条1項前段）が適用されていた。同罪は，過失致死傷罪（209条，210条）の加重類型である。その加重根拠は，業務者には，通常人よりも高度な注意義務が課されていることなどに求められる。ここにいう「業務」とは，「本来人が社会生活上の地位に基き反覆継続して行う行為であって，

第**12**章　交通事故と刑法　　149

かつその行為は他人の生命身体等に危害を加える虞あるもの」(最判1958〔昭33〕・4・18刑集12巻6号1090頁)と定義されるため，自動車の運転は，それがバスやタクシーなどの運転手によるものでなくても，「業務」に当たるとされたのである。

しかし，同罪では，どれほど重大な責任を負うべき事故を起こしたとしても，最高5年の懲役で，刑が軽すぎると批判され，厳罰化の要請に応える形で，同罪の加重類型・特別類型として，2007年の刑法の一部改正により，最高7年の懲役とする本罪が新設された。

その一方で，自動車は広く国民に普及しており，自動車の運転による過失傷害事犯は，日常生活上軽度の不注意により犯す可能性が高く，軽傷の場合には刑を言い渡す必要のないものも少なくないことから，「傷害が軽いときは，情状により，その刑を免除することができる」とする規定も，2001年の改正によって設けられている（旧211条2項，現211条2項ただし書）。

本罪の成立要件 本罪の主体は，自動車の運転者である。「自動車」とは，「原動機を用い，かつ，レール又は架線によらないで運転する車」をいい（法2条1項9号参照），原動機付自転車（オートバイなど）も含む。本罪は，この者が「運転上必要な注意を怠り，よって人を死傷」させた場合に成立する過失犯である。

刑法には，「責任なければ刑罰なし」という大原則があるため（これを「責任原理」ないし「責任主義」という），38条1項は，「罪を犯す意思がない行為は，罰しない」として，原則，故意行為のみを処罰の対象とする。しかし，同ただし書は，「法律に特別の規定がある場合は，この限りでない」として，例外的に，過失行為も処罰の対象となりうるとする。刑法上，「過失」とは，「注意義務に違反すること」とされるが，それはどういうことだろうか。

伝統的な見解は,「行為者は犯罪事実を予見すべきであり, かつ予見することができたにもかかわらず, 意思の緊張を欠いたためにこれを予見しなかった点が刑法上の非難に値する」と考える。すなわち, 犯罪事実の「予見可能性」が過失の前提をなし, それに基づく「予見義務違反」が過失を構成すると考える（旧過失論）。

　しかし, 非難の根拠を「予見義務違反」に求めると, 自動車の運転のような危険を伴う行為に際しては, 常に結果の予見可能性が存在するともいえるから, それでは「結果さえ発生すれば必ず処罰する」という「結果責任」にもなりかねない。このことを批判して,「過失犯には故意犯とは異なる実行行為が存在する」として, 過失犯の成立範囲を限定しようとする見解が登場する（新過失論）。この見解は, 過失犯の実行行為を,「社会生活上要求される注意を守らずに, 結果回避のための適切な措置を採らなかった行為」, すなわち,「客観的な注意を怠った落ち度のある行為」とする。この見解によれば, 過失とは「予見義務違反」ではなく,「結果回避義務違反」と捉えられることになる。

　しかし, いずれの見解も, 前提として, 結果の「予見可能性」を必要としており, それが過失犯にとって重要な要素となっている。

　もっとも, その内容については争いがある。今日の判例・通説は,「特定の構成要件的結果及びその結果の発生に至る因果関係の基本的部分の予見」を必要とする（札幌高判1976〔昭51〕・3・18高刑集29巻1号78頁, 具体的予見可能性説）。他方,「予見可能というためには, 結果発生にいたる具体的因果過程の予見までは必要でなく, 一般人ならばすくなくともその種の結果の発生がありうるとして, 具体的に危惧感をいだく程度のものであれば足りる」とする見解もある（危惧感説）。しかし, 判例はこれを明示的に退けている（前掲札幌高判1976〔昭51〕・3・18）。

なお，注意義務違反の有無は，上記の判断を経てはじめて確認されるものであって，安全運転義務（法70条）の違反などの道交法上の義務違反が，ただちに刑法上の注意義務違反となるわけではない。
　では，ここでひとつ，事案を検討してみよう。

> 【ケース1】　Xは，軽トラックを運転し，時速30kmに指定されている道路を時速約65kmで進行していたところ，対向車を認めて狼狽し，ハンドルを左に急転把し，道路左側のガードレールに衝突しそうになり，あわてて右に急転把し，自車の走行の自由を失わせて暴走させ，道路左側の信号柱に自車左側後部荷台を激突させ，その衝撃により，後部荷台に同乗していたAおよびBを死亡させ，さらに助手席のCに全治約2週間の傷害を負わせた。しかし，Xは自車の後部荷台にAおよびBが乗車していることを認識していなかった。

　これについて，最決1989〔平元〕・3・14刑集43巻3号262頁は，「被告人において，右のような無謀ともいうべき自動車運転をすれば人の死傷を伴ういかなる事故を惹起するかもしれないことは，当然認識しえたものというべきであるから，たとえ被告人が自車の後部荷台に前記両名が乗車している事実を認識していなかったとしても，右両名に関する業務上過失致死罪の成立を妨げない」とした。この判断は妥当といえるだろうか。
　ここではまず，Xが結果を予見できたか否かが問題となる。その結果とは，A・B・Cそれぞれについての具体的な死傷結果なのだろうか，それとも，「誰かに死傷結果が発生するかもしれない」という程度の漠然としたもので足りるのだろうか，あるいは，A・Bについて具体的に予見できなくても，Cについて具体的に予見できていれば，そのことをA・Bについてまで押し広げてよいのだろ

うか。また、そのような結果を予見できたにもかかわらず、実際には予見しなかったことが注意義務違反となるのだろうか、それとも、そのような結果を予見して、適切な回避措置をとるべきだったのに、それをしなかったことが注意義務違反となるのだろうか。「責任原理」に照らし合わせながら、考えてみよう。

交通事故と「信頼の原則」 交通事故を起こし、相手を死傷させたら、相手側にどんなに不注意や無謀な行動があっても、常に死傷させた側が刑事責任を問われるとしたら、それはあまりに不合理であろう。このような不都合を回避するため、「行為者がある行為をなすにあたって、被害者あるいは第三者が適切な行動をすることを信頼するのが相当な場合には、たといその被害者あるいは第三者の不適切な行動によって結果が発生したとしても、それに対しては責任を負わない」とする考え方が示された。この「信頼の原則」は、学説によっても認められ、最判1966〔昭41〕・12・20刑集20巻10号1212頁以来、判例においてもほぼ完全に定着している。

もっとも、信頼の原則によって行為者の過失が否定される根拠については、学説上、争いがある。すなわち、旧過失論は、相手方を信頼することによって、予見義務が否定されるとするのに対して、新過失論は、結果回避義務が否定されるとするのである。

いずれにしても、信頼の原則は、相手方を信頼することによって、注意義務が免除されるものだということができる。ここから、信頼の原則は、民法における過失相殺とは異なり、注意義務違反によって人を負傷させた者は、相手に重大な過失があれば、過失責任を免れることができる、という法理ではないことが明らかとなろう。

それゆえ、信頼の原則は、行為者が基本的な注意義務に違反した場合には適用されないが（最決1982〔昭57〕・12・16集刑229号653頁）、

行為者に交通法規違反があっても適用される場合がある（最判1967〔昭42〕・10・13刑集21巻8号1097頁）。このことからも，刑法上の注意義務と道交法上の義務とは必ずしも一致するものではないことが明らかとなろう。なお，歩行者の行動に対する信頼が許される場合もあるが（大阪高判1967〔昭42〕・10・7高刑集20巻5号628頁），相手が適切な行動をとることの期待できない幼児や老人などである場合には信頼は許されない。

　では，ここでまたひとつ，事案を検討してみよう。

> 【ケース2】　Xは，指定最高速度が時速30kmの道路でタクシーを運転し，左右の見通しがきかない，対面信号が黄色点滅信号の交差点に，減速・徐行しないまま時速約30ないし40kmで進入した。その際，タクシーの左後側部が，左方道路から，赤色点滅信号を，酒気を帯び，時速約70kmで（指定最高速度は時速30km），足元に落とした携帯電話を拾うため前方を注視せずに進行してきた，Aの運転する車の前部と衝突した。その結果，タクシーの後部座席に同乗していたBが死亡し，助手席に同乗していたCが重傷を負った。

　これについて，最判2003〔平15〕・1・24判時1806号157頁は，信頼の原則を適用せずに，「被告人車が本件交差点手前で時速10ないし15キロメートルに減速して交差道路の安全を確認していれば，A車との衝突を回避することが可能であったという事実については，合理的な疑いを容れる余地がある」として，たとえ注意義務を尽くしていたとしても，結果の発生を避けられなかった疑いがあったことを理由に，被告人に無罪を言い渡した。しかし，これとほぼ同一の事案につき，最判1973〔昭48〕・5・22刑集27巻5号1077頁は，「交差道路から交差点に接近してくる車両があつても，その運転者において右信号に従い一時停止およびこれに伴う事故回避のための

適切な行動をするものとして信頼して運転すれば足り」るとして，信頼の原則を適用して，被告人に無罪を言い渡している。両判決の相違はどこから生じたのだろうか。また，これらはどのような関係にあるというべきなのだろうか。関心を持たれた方は，実際に両判決を読み比べて，検討してみよう。

3 危険運転致死傷罪

危険運転致死傷罪とは 本罪は，2001年11月の刑法の一部改正によって新設され，同年12月25日から施行されたものである。本改正以前は，たとえば，酒酔い運転による人身事故は，酒酔い運転罪（法117条の2第1号，当時は2年以下の懲役）と業務上過失致死傷罪（旧211条，5年以下の懲役）がそれぞれ成立し，47条ただし書により，最高7年の懲役とされていた。しかし，悪質かつ危険な運転行為による死傷事故の被害者や遺族から刑が軽すぎるとの強い批判があり，その声に世論も呼応して，本罪が新設されたのである（致傷罪につき10年以下の懲役，致死罪につき1年以上の有期懲役（上限は15年））。その後，2004年の改正で，本罪の法定刑は，致傷罪の上限が懲役15年に引き上げられ，致死罪も，同年の改正で，有期懲役の上限が15年から20年に引き上げられた（12条1項）。また，当初は「四輪以上の自動車」とされていた本罪の対象に，2007年の改正で，二輪車も含まれることとなった。

本罪の危険運転行為は，過失行為ではなく，故意の暴行（208条）に準じたものと位置づけられている。本罪は，故意による危険運転行為から，予期せぬ死傷結果が生じた場合に成立するものである。なお，危険運転行為それ自体は，道交法違反の罪となり，刑法上は処罰の対象とならない。本罪が成立する場合には，道交法違反の部

> **コラム 12-1　自転車事故の刑事責任**
>
> 　近年，自転車による交通事故が社会問題化している。自転車は，自動車と比べれば交通弱者だが，歩行者と比べれば交通強者である。とはいえ，自動車運転過失致死傷罪（211条2項）や危険運転致死傷罪（208条の2）の主体は，自動車の運転者に限られるから，自転車の運転者にそれらは適用できない。現在の実務では，自転車事故には，通常の過失よりも注意義務違反の程度が重いことをその加重根拠とする，重過失致死傷罪（211条1項後段）が適用されることが多く，事故の態様によっては，通常の過失致死傷罪（209条，210条）も適用されている。この点，自転車事故にも，類型的に業務上過失致死傷罪（211条1項前段）を適用すべきではないか，という考え方もありえよう。しかし，自転車の運転には，前述した「業務」としての類型的な危険性は認められないとして，これを否定するのが一般的である。

分は本罪に完全に取り込まれ，本罪のみが成立する。これに対して，本罪とは無関係な道交法違反の罪（たとえば，免許不携帯罪（法95条1項・121条1項10号））は，本罪とは別に成立する。

本罪の諸類型　具体的にどのような危険運転行為が本罪の対象となるのか，みていこう。

（1）酩酊運転　アルコールまたは薬物の影響により正常な運転が困難な状態で自動車を走行させ，よって人を死傷させた場合は本罪となる。酒酔い運転罪（法117条の2第1号）にいう「正常な運転ができないおそれがある状態」では足りず，「アルコールの影響により道路交通の状況等に応じた運転操作を行うことが困難な心身の状態」であることが必要であり，「アルコールの影響により前方を注視してそこにある危険を的確に把握して対処することができない状態も，これに当たる」とされる（最決2011〔平23〕・10・31裁時1543号1頁）。本罪の基本行為となる危険運転行為は，道交法上，酒

気帯び運転の罪（法65条1項・117条の2第1号），過労運転等の罪（法66条・117条の2第3号）として処罰の対象となる。

（2）**制御困難運転**　進行を制御することが困難な高速度で自動車を走行させ，よって人を死傷させた場合も本罪となる。「進行を制御することが困難な高速度」であるか否かは，道路の状態，車両の性能や状態といった，客観的事情に照らして判断すべきであり，運転者の心身の状態などの個人的事情については考慮しないとされる（千葉地判2004〔平16〕・5・7判夕1159号118頁）。本罪の基本行為となる危険運転行為は，道交法上，最高速度違反の罪（法22条・118条1項1号），安全運転義務違反の罪（法70条・119条1項9号）として処罰の対象となる。

（3）**未熟運転**　進行を制御する技能を有しないで自動車を走行させ，よって人を死傷させた場合も本罪となる。「進行を制御する技能を有しない」とは，基本的な自動車操作の技能を有しないことをいう。無免許の場合だけでなく，長年ペーパードライバーであった場合なども含まれる。もっとも，無免許でも経験や技能がある場合や，免許停止中の場合などは含まれない。本罪の基本行為となる危険運転行為は，道交法上，無免許運転の罪（法64条・117条の4第2号），安全運転義務違反の罪（法70条・119条1項9号）として処罰の対象となる。

（4）**妨害運転**　人または車の通行を妨害する目的で，走行中の自動車の直前に進入し，その他通行中の人または車に著しく接近し，かつ，重大な交通の危険を生じさせる速度で自動車を運転し，よって人を死傷させた場合も本罪となる。相手方である「車」は，自動車，原動機付自転車，自転車などの軽車両を含む。「通行を妨害する目的」は，積極的な意図が必要で，やむなく割り込む場合などは，相手方の通行の妨害となることを認識しても，本罪には当た

コラム 12-2　道路交通事故以外の交通事故と刑法

　交通事故というと，通常，道路交通事故を想起しがちであるが，鉄道事故，航空事故，海上交通事故など，様々な形態のものがある。たとえば，2005年4月25日に起きた，107人が死亡，500人以上が重軽傷を負った脱線事故につき，業務上過失致死罪で，当時のJR西日本の社長が在宅起訴され（神戸地判2012〔平24〕・1・11判例集未登載によって無罪とされた（確定）），歴代社長3名が強制起訴された，JR福知山線脱線事故などは記憶に新しいであろう。また，航行中の航空機同士の異常接近事故について，便名を言い間違えて降下の管制指示をした実地訓練中の航空管制官およびこれを是正しなかった指導監督者である航空管制官の両名に業務上過失傷害罪が成立するとされた，日航機ニアミス事件（最決2010〔平22〕・10・26刑集64巻7号1019頁）なども重大な交通事故のひとつである。これらの事案では，注意義務の内容とその違反の有無をどのように捉えるかが鍵となる。

らない。「走行中の自動車の直前に進入」する行為は，妨害行為の例示で，幅寄せ，割り込み，あおりなども妨害行為に当たる。「重大な交通の危険を生じさせる速度」とは，相手方と接触すれば重大な事故を生じることとなる速度をいう。本罪の基本行為となる危険運転行為は，道交法上，割り込み禁止違反の罪（法32条・120条1項2号），共同危険行為の罪（法68条・117条の3），安全運転義務違反の罪（法70条・119条1項9号）として処罰の対象となる。

　（5）信号無視運転　赤色信号またはこれに相当する信号（法6条1項，同施行令4条・5条参照）を殊更に無視し，かつ，重大な交通の危険を生じさせる速度で自動車を運転し，よって人を死傷させた場合も本罪となる。「殊更に無視し」とは，赤色信号であることを認識している場合はもちろん，およそ信号の表示を意に介することなく，たとえ赤色信号であったとしてもこれを無視する意思で進

行する行為も含まれる(最決2008〔平20〕・10・16刑集62巻9号2797頁)。赤色信号であることを見落とした場合や，信号の変わり際で「赤色信号かも知れない」という程度の認識しかなかった場合などには本罪は成立しない。「重大な交通の危険を生じさせる速度」とは，相手方と接触すれば重大な事故を生じることとなる速度をいい，時速約20kmで本罪の成立を認めた判例がある(最決2006〔平18〕・3・14刑集60巻3号363頁)。本罪の基本行為となる危険運転行為は，道交法上，信号無視の罪(法7条・119条1項1号の2)として処罰の対象となる。

4 ひき逃げの刑事責任

道交法違反の罪としてのひき逃げ 　自動車事故に関する犯罪の中でも，とりわけ悪質で卑劣なのは「ひき逃げ」であろう。ひき逃げは，道交法上は，負傷者救護義務違反罪(法72条1項前段・117条)ないしは事故報告義務違反罪(法72条1項後段・119条1項10号)に当たり，これとは別に，前述の自動車運転過失致死傷罪(211条2項)や危険運転致死傷罪(208条の2)も成立する。

刑法典上の罪としてのひき逃げ 　ひき逃げについては，場合によっては，(保護責任者)遺棄(致死傷)罪(217-9条)ないしは殺人(未遂)罪(199条，203条)の成否も問題となる。その際には，自動車の運転者が歩行者を誤ってはねて負傷させたが，何ら救護措置をとらず，事故現場に放置したまま逃走するような，「単純ひき逃げ」と，いったんは病院へ運ぶ目的で自車に乗せたが，事故の発覚をおそれ，途中で降ろして逃走するような，「移転を伴うひき逃げ」とに分けて考える必要がある。

　まず，「単純ひき逃げ」については，主に遺棄罪の成否が問題と

なりうるが，判例・通説は，その成立を否定している。

他方，「移転を伴うひき逃げ」については，負傷者を自車に乗せるという引受け行為によって，「保護する責任のある者」になるため，保護責任者遺棄罪の成立が認められている（最決1959〔昭34〕・7・24刑集13巻8号1163頁など）。また，負傷者が死んでもかまわないと思って遺棄した場合には，殺人（未遂）罪の成立が認められている（東京地判1965〔昭40〕・9・30下刑集7巻9号1828頁，東京高判1971〔昭46〕・3・4高刑集24巻1号168頁など）。

この問題を考えるためには，刑法学の複雑な議論を踏まえる必要がある。それらを学んだ後に，これらの当否を検討してみよう。

〔参考文献〕
西原春夫『交通事故と信頼の原則』（成文堂，1969年）
岡野光雄『交通事犯と刑事責任』（成文堂，2007年）
岡野光雄先生古稀記念『交通刑事法の現代的課題』（成文堂，2007年）
「特集・交通事犯をめぐる現代的課題」刑事法ジャーナル8号（2007年）2頁以下
「特集・危険運転致死傷罪をめぐる諸問題」刑事法ジャーナル26号（2010年）2頁以下

【岡部雅人】

第13章 環境保護と刑法

■この章で考えること
　深刻化する公害・環境問題に対応するために多くの法が制定されてきた。この環境法という分野は民法，行政法をはじめとした様々な法分野が複雑にからむ領域である。そのなかで，刑法はどのような役割を果たしうるのかについて考えてみよう。

1　環境問題と法

産業の発展と環境問題　　たとえば，ある街で工場からの排水により河川の汚染や，自動車排気ガスによる大気汚染が進み，住民らにその汚染を原因とした疾病が発生した場合，どのように対処されるべきだろうか。経済の発展にともない，自然環境は国内だけにとどまらず，地球規模においても汚染・破壊されてきた。しかし，環境問題がはじめて生じたとされる明治期以来，産業の発展が優先され，有効な対策はなされず，被害は拡大する一方だった。このような環境被害に対する法的アプローチのひとつとして，被害者らが，裁判により被告企業や国・行政の責任を追及し，被害について賠償を請求することが考えられる（「救済法」としての法）。このような被害者の救済は非常に重要であり，迅速かつ十分になされなければならない。しかし，これらはあくまでも事後的な措置にすぎず，環境問題の抜本的な解決には至らないという問題がある。むしろ，人の健康，生活環境への被害，さらには環境汚

染・破壊そのものを防止するような対策がとられなければならない。

2 公害法から環境法へ

公害対策と法　とくに1950年代半ば以降の高度経済成長期には、公害問題が深刻化した。高度経済成長期のほぼ無制約な経済活動により、自然破壊が相当程度進んだが、それ以上に人間の生命・健康への被害が問題視された。その代表例として「日本4大公害事件」、すなわち、熊本水俣病、新潟水俣病、イタイイタイ病、四日市ぜんそくを挙げることができる。この時期の公害問題の特徴は、①汚染により相当の被害が発生しており、②汚染との因果関係が明確な大口の環境汚染源が特定でき、③その数がそれほど多くないということであった。これらの公害を未然に防止するために1960〜70年代にかけて「強制的アプローチ」をとる法律が相次いで制定される。強制的アプローチは「命令＝管理」型アプローチとも呼ばれ、行為の基準を行政が一方的に決めてその遵守を強制し、違反を監督・処罰するという規制態様のことをいう。このような命令・管理を行う行政の監視能力には限界があるが、従来の産業公害は規制対象の数が比較的少ないため、この強制的アプローチが有効であったと評価されている。

義務違反に対するサンクション　このように強制的アプローチにおいては、行政が行為基準を定め、その遵守を強制することになるが、その義務履行をいかに確保させるかが課題となる。義務づけの仕組みとして、まずは当該基準の実現を義務づける規定が法律につくられる。例としては、「排出基準Aに適合しない排出をしてはならない（不作為型）」、「排出基準Aに適合する排出をしな

図表 13-1

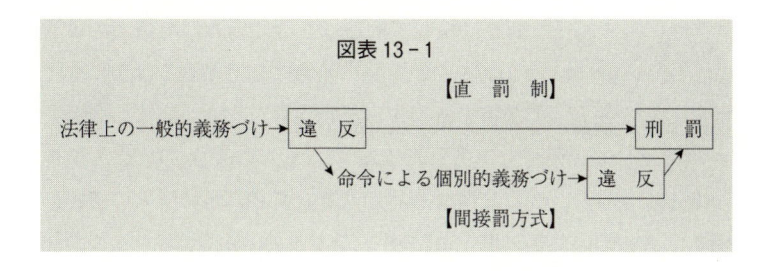

```
                              【直罰制】
法律上の一般的義務づけ → 違 反 ─────────────→ 刑 罰
                    └→ 命令による個別的義務づけ → 違 反 ↗
                              【間接罰方式】
```

ければならない（作為型）」といったものである。そして、このような法的義務の履行を強制的に実現するために、「義務違反に対するサンクション」が規定される場合がある。このサンクションとして科せられる罰を広く行政罰というが、そのひとつが刑罰である（＝行政刑罰）。

　このような義務違反に対するサンクションとしての役割が、環境法における刑法の代表的な役割であるといえる。前述のように、行政刑罰には、①法律によって直接かつ一般的に課せられた義務の違反に対して、とりあえず改善命令などの処分を行い、その違反に対して初めて刑罰を科すという「間接罰方式（命令前置制）」と、②法律の一般的義務づけに違反した場合にそれ自体を刑罰の対象とする「直罰制」がある（**図表**13-1 参照）。前者の間接罰方式は行政処分がなされることが処罰の前提となるが、後者の直罰制のもとでは行政による告発（刑訴239条）を待つことなく、警察が違反者を直接検挙することになる。

　行政罰には刑罰のほかにも、行政法上の過料（刑罰としての科料とは異なる）も存在し、さらに実質的な意味では課徴金や重加算税も行政罰に含まれる。また、サンクションとして行政罰以外にも、適法に活動できる地位をはく奪する「許可取り消し」や、違反者の情報を社会に公表する「制裁的公表」などがある。

公害罪法　公害に対して刑法は，行政罰として以上のように行政的な措置の実効性を担保するほかにも，刑法として独立して公害を処罰する規定が存在する。まず，刑法典上の罪として，業務上過失致死傷罪（211条1項前段）の成立可能性がある。さらに，公害に関する特別法として1970年に「人の健康に係る公害犯罪の処罰に関する法律」（公害罪法）が成立した。この法律は，工場または事業場における事業活動にともなう有害物質の排出により，公衆の生命，身体に危険を生じさせる行為を故意犯と過失犯に区別して処罰し，そこから死傷結果が生じた場合を重く処罰する結果的加重犯規定も存在する（2条，3条）。また，法人等に対しては両罰規定（4条），因果関係の推定規定（5条）がある。

公害法から環境法へ　しかし，近年の科学技術のさらなる発展にともない，新たな環境問題への対応が求められるようになる。現代の環境問題の特徴は，以前の産業公害とは異なり，第1に，より小規模の環境汚染源であること，すなわち，微量の有害物質が長期間にわたって環境の中に放出され，それらが複合的に作用して，不特定の生態系や不特定多数の人間の健康に不可逆的な影響をもたらすという点である。第2に，どのような形で影響が生じるのかは，現時点では必ずしも確実ではないという点である。これは，従来の産業公害問題とは様相を異にしており，「環境リスク」という言葉で表現されている。その代表的な例として挙げられるのが，原子力・放射線，産業廃棄物の不法投棄，アスベスト，地球温暖化などをめぐる問題である。

これらの問題に対して，従来型の強制的アプローチのみによる対応はあまり有効ではないといわれる。その理由の第1として，汚染源が小規模であることはその数の増大を意味するため，すべてに監視の目を行き届かせることは困難である。第2に，汚染源による環

図表13-2 環境規制における多様な法的アプローチ

①強制的アプローチ	行為の基準を行政が一方的に決めてその遵守を強制し、違反を監督・処罰する規制態様 例）行政法上の義務違反に対するサンクションの賦課
②誘導的アプローチ	制度の対象者が強制されずに自立的・自律的に判断し、法律やそれにもとづく行政の措置により強制されない規制態様 ・経済的アプローチ →所定の活動をする者に支給される補助金や助成金 　所定の行為をする者に金銭の支払いを義務づける賦課金や税 ・情緒的アプローチ →行政が保有する一定情報を「公表」などの手法を通じて市場に提供
③手続的アプローチ	望ましい環境パフォーマンスを、一定の手続の履行や一定の業務を担当する職員の選任を義務づけることにより実現しようとする規制態様 例）環境影響評価制度 土地の形状変更や工作物の設置などの事業を実施する前に、それが環境に及ぼす影響について調査・予測・評価を行うとともに、環境保全のための措置の検討を義務づける。
④啓発的アプローチ	情報提供や教育を行うもの。例）環境教育推進法
⑤自主的アプローチ	規制を受ける側がそれに合意して自発的に履行を行うもの。例）自治体と事業者との間における公害防止協定・環境保全協定

境に対する負荷はそれほど大きくないため、これに厳しいサンクションを科すことの正当性が問われることになる。このような現代環境法は「環境リスク管理法」とも称されており、公害被害の防止と人身被害救済を中心とした従来の公害法制だけでは十分に対応でき

ないという事態になっている。そのため,環境リスク管理法においては,「もっとも効率的でよい手法とは何か」という観点から,多様な法的アプローチ（図表13-2）を用いて,どのアプローチが最も効率的に環境汚染の原因を発生させる人の意思決定にアプローチを行いうるかが検討されている。

3 環境リスク管理法における刑法

刑法の行政法補強機能　以上のように現代の環境問題に対して様々な法的アプローチが存在するが,現在依然として命令・統制手段をとる強制的アプローチは環境規制態様の基本とされている。なかでも最も厳しいサンクションである刑罰に対する期待は強い現状にあり,とくに刑法の行政法補強機能,つまり,刑罰によって行政上の義務履行を促進することに対する期待が高い。

現在のように,行政上の義務違反に対する制裁の中心に行政刑罰が置かれたのは戦後のことである。明治憲法下の行政執行法（明治33年法律第84号）では,あらゆる行政上の義務違反に対し,行政官庁みずからの判断でその履行を強制することが可能とされており,その手段として,身体の自由を拘束・抑留する行政検束という強力な手段も認められていた。しかし,このような行政強制制度は,犯罪捜査に恣意的に転用されたり,社会運動や政治運動を弾圧する特高警察の道具として濫用された。そのため,日本国憲法制定後に行政強制制度は改正され,司法のコントロール下に置くべきとされた。その結果,行政上の義務違反に対する制裁は,裁判所が司法上の強制措置として刑事訴訟手続によって刑罰を科す方法,すなわち,行政刑罰が行政の義務履行確保のための原則的な手段となっ

た。そして現在では、この行政刑罰は、「行政刑罰法規の氾濫」とも称されるほど、行政刑罰の過剰状態に陥っている。

行政刑罰への期待の高まり

行政刑罰法規の氾濫の背景には、罰則の存在が威嚇力となって、義務の遵守を促進しうるという立法者のシナリオが存在するようである。とくに最近では、間接罰から直罰への移行が求められる傾向にある。なぜなら、間接罰は、行政の判断を介在させるために違反への対応が遅れることや、行政の担当者が前提となる不利益処分がなかなか行わない場合には違反が放置されてしまうというのである。そこで、行政的措置を待たずに、警察が違反者を直接検挙しうる直罰制への移行を求める傾向が存在する。

このような直罰制への移行とならんで、厳罰化の傾向も指摘することができる。環境法に規定される刑罰は、従来はさほど厳格ではなかったが、最近になって刑法による犯罪抑止効果を期待して厳罰化される傾向にある。たとえば、廃棄物処理法では、不法投棄をした者は、5年以下の懲役または1000万円以下の罰金となっている(25条1項14号、16条)。さらに、既遂犯だけではなく、未遂犯(25条2項)、目的犯(26条6号)、予備罪(27条)も規定した。また、刑法典において法人は処罰の対象とはならないが、特別法である環境法においては行為を行った個人に加えて、法人も罰金刑の対象とする両罰規定が一般的とされている。通常、両罰規定においては、個人の罰金額と同額が法人に科されるが、組織的な環境犯罪の抑止という観点から、廃棄物処理法には罰金額が加重される法人重科規定がある。

環境リスク管理と刑法

このように、現在の環境法において行政刑罰に対する期待は依然として高い状況にある。しかし、前述のとおり、汚染源が小規模でその数が多いこ

とを特徴とする現代の環境リスクの場合，すべての汚染源に監視の目を行き届かせ，取り締まることは非常に困難である。実際に刑罰が執行されない違反が多数放置されれば，国民の間で義務を遵守しようという風潮にはならず，行政罰の威嚇力は低下する。また，現在のように行政刑罰法規が氾濫している状態では，なんでも犯罪だということになって，刑罰の「感銘力」が低下し，犯罪というレッテルづけの効果が下がるという懸念もある。また，直罰制を導入しても，行政と同様に，警察も相当悪質な違反でないかぎり，違反があっても放置することが多く，罰則は機能不全に陥っているといわれている。したがって，刑罰による対応が真に必要な違反は残すとして，それ以外のものは刑罰の対象から外す「非犯罪化」の検討が必要である。

原子力と刑法 さらに，環境リスク管理という観点からも，刑法には限界が存在する。それを示す例として，原子力・放射線等の規制についてみてみよう。原子力・放射線のようにいったん事故が生じると，きわめて広い範囲に重大な被害がおよぶおそれがあるとともに，その影響が後世までおよぶという特徴をもつ分野では，人体や環境の汚染に対する危険の防止が絶対的に要請されている。日本の原子力政策の基本原則は原子力基本法に規定されており，関連する法のほとんどに義務違反に対する罰則が規定されている。この分野でも，刑法による行政法補強機能に高い期待がなされている状況にある。

このように，原子力に関する法的体制が整えられていたはずであったが，2011年3月11日に発生した東北地方太平洋沖地震とその後の津波が誘因となって顕在化した原発事故・原子力災害は，原発によって発生する害の大きさとその制御の困難さを見せつけるものとなった。今回の事故は，これまでの原発の安全性確保のあり方に大

きな疑問を投げかけるものとなった。今後，より安全性を確保するために新たな法的アプローチが検討される必要があると考えるが，その際に，場合によっては犯罪化や重罰化によって行政法補強機能を強化すべきとの主張がなされる可能性もある。実際にドイツのように，現行刑法典に原子力に関する処罰規定が存在する国もある。

しかし，刑罰の行政法補強機能に期待してどんなに重い刑罰を科したとしても，補強の対象となるべき行政法上の義務づけの内容や，行政による監視体制のあり方などに問題があれば，リスク管理のあり方としては不十分である。とくに，日本の従来の原子力政策は，一貫して，「原子力は安全でクリーンなものである」というスローガンのもとで推進されてきた。こうした基本姿勢から，原子力についてはどのような形の事故もありえないという方向での運用がなされてきたように思われる。原子力委員会，安全委員会などの行政機構も形だけは整っているが，その人的構成が原発推進派のみによるのであれば，その安全審査も不十分なものにならざるをえなかったはずである。このような行政体制のもとでは，どんなに厳しい罰則を設けても原子力によるリスク排除には役立たないだろう。

有効なアプローチの探究　以上のように，とりあえず厳しい罰則を規定しておけば，いかなる義務も遵守されるというシナリオは幻想にすぎない。刑法による行政法補強機能は，まずは現在の罰則の氾濫状況を改善し，前提となる行政体制を十分に整えなければ働かないのである。環境リスク管理のためには，強制的アプローチ以外のより有効なほかの法的アプローチ（図表13-2）が検討され，リスクの特殊性を踏まえつつ，最も有効な手段の組み合わせを見出していかなければならない。

4　刑法の限界

宣言的機能

罰則の氾濫の背景には，さらに，刑法の「宣言的機能」への期待があると考えられる。刑法は，一定の行為類型を犯罪とし，それに対する規範的評価を明らかにして，そのような行為をしないように人の行動を規制する機能を有するといわれる。そこからさらに，環境侵害を重大な「社会悪」としてとらえ，これを「犯罪」と宣言することによって国民の間に新たな倫理観を形成することが目指される。最近の例では，地方自治体の条例において，環境美化のために吸い殻，空き缶，飼犬のふんなどのポイ捨て禁止に罰則をつけるといったものがあるが，これも刑罰の宣言的機能を狙ったものといいうるだろう。

しかし，刑罰によって当該違反行為を「悪だとする風潮」や「道徳・倫理」を社会に積極的に形成することが本当に可能なのかという点については懐疑的な見解が多く示されている。処罰の前提となるゴミのポイ捨て等のルール違反に対する監視体制，さらには公平で透明性の高い運用がなされていなければ，そのルールを守ろうという国民の意識は生まれないといわざるをえない。また，それが社会悪であるという風潮がそもそも存在しなければ，罰則の運用自体も消極的になり，結局その罰則は機能不全に陥ることになる。

法益保護原則

さらに，憲法的な観点からも宣言的機能に対する疑問があることが指摘されなければならない。つまり，社会の合意にもとづかない恣意的な政策が「道徳・倫理」として，最も厳しい制裁である刑罰によって国民に強制されるという懸念が存在するのである。

刑罰は制裁のなかでも，最も人権侵害の度合が高く，なるべく使

用されるべきではない（＝謙抑主義）。しかし，刑法の歴史において，国家による刑罰権の濫用は何度も繰り返されてきた。刑法学の最も重要な任務は，このような国家による恣意的な処罰を防ぐことであり，これまで処罰規定を批判的に検討しうる基準が探究されてきた。現在の通説によれば，単なる道徳や，国家からの恣意的なものでありうる命令に反すること自体が処罰の対象ではなく，社会侵害的な行為・結果が生じてはじめて処罰されるという理解から，犯罪の実質として一般的に「法益の侵害・危殆化」が要求されている（＝刑法における法益保護原則）。殺人罪の場合であれば，人を殺してはいけないという道徳・倫理に反したということではなく，人の生命という法益を侵害したことがその処罰を正当化する理由となる。

非犯罪化　これまでに述べてきたように，環境法において行政法を補強するための罰則が多数規定されており，「行政刑罰法規の氾濫」とまで称される状況にある。これらの罰則は，単に行政の命令違反があることのみによって正当化されてはならない。なぜなら，国の不適切な政策や，不十分な行政体制に支えられた不合理な義務づけに対する違反を処罰するのであれば，実体は戦前の行政上の強制措置と変わりなく，日本国憲法に反するといわざるをえないためである。したがって，これらの行政刑罰法規について，当該義務違反がいかなる点で社会にとって有害といえるのか，より実質的に「法益侵害・危殆化」が説明されなければならず，説明できない場合には非犯罪化されなければならない。

法益としての環境　環境にまつわる刑法がこれまでの刑法とは異なる点として挙げられるのが，その保護の対象としての法益である。これまで刑法の保護の対象とされてきたのは，すべて生命・身体・自由・財産などの人間に関わる法益であった。そのため，環境法の保護対象である水，土壌，大気といった環

境そのものは、従来の刑法が想定してこなかった法益である。人間と環境との関係について、たしかに環境保護の観点からは、人間が環境を支配するといった考えは戒められるべきである。しかし、法学的な観点、とくに刑法学の観点からは人間を中心に考えざるをえない。なぜなら、個人の基本的人権の侵害をともなう刑罰を正当化する必要があるからである。つまり、日本国憲法上、「個人」が最重要価値と位置づけられているのであり、そうである以上、その侵害の正当化のための「法益侵害・危殆化」は、同じ人間存在との関係で明らかにされなければならず、自然環境そのものを侵害・危殆化したというだけでは正当化理由として不十分と考えられるのである。

危険・リスクの程度 つぎに、法益に対する「侵害・危殆化」の程度が問題となる。現代の環境リスクの特徴は前述のように、どのような形で影響が生じるかどうかは、現時点では必ずしも確実ではないという点である。具体的には大気汚染防止法上のVOC（揮発性有機化合物）規制や、特定外来生物法上の未判定外来生物輸入問題が挙げられる。もちろん、不確実性をもって何もしないというのではとりかえしのつかない環境汚染が発生しうるため、何らかの法的アプローチが必要である。ただし、刑罰をはじめとした重大な人権侵害をともなうサンクションを正当化するためには、人間存在に対する危険発生の「おそれ」では不十分といわざるをえない。法益保護原則からは、少なくとも、将来において、健康や環境に対する損害や悪影響が発生するおそれがあることについて、信頼しうる科学的証拠が存在していなければならない。

5 現代社会における刑法の役割

刑法の限界　現代の環境リスク管理のために，多様な法的アプローチが存在する。リスクを的確にコントロールするためには，リスクの特殊性を踏まえて，最も有効なアプローチを組み合わせて使用されなければならない。刑法が使用されるにあたっては，第1に，罰則があれば当該義務は遵守されるであろうというテーゼに対する信頼は放棄されるべきである。本章で述べてきたとおり，罰則を規定する場合には，その前提となる行政体制が適切なものでなければならない。さらに処罰にあたっては，行政違反の点検体制の整備を前提として，違反を発見した場合の的確な措置を保障し，そのうえで一定の停止や改善命令を発し，その違反に対して刑罰を科すという順序が保障されなければならない。第2に，刑法を使用するにあたっては，環境リスク管理に「有効か」という視点だけではなく，刑罰は多大な人権侵害的な側面を有するということが常に意識されなければならない。これは刑罰だけではなく，課徴金等の刑罰以外のサンクションにもいえることである。刑法などの重いサンクションをともなう場面を法益保護原則の観点から見直して限定する必要がある。また，この限定により，現在の行政刑罰法規の氾濫状況を改善し，刑罰の本来の機能を発揮させることができ，さらに，ほかの法的アプローチと組み合わせることによってより，有効な環境リスク管理が行われるのである。

〔参考文献〕
北村喜宣『環境法』（弘文堂，2011年）
町野朔編『環境刑法の総合的研究』（信山社，2003年）
中山研一ほか編『環境刑法概説』（成文堂，2003年）

下山憲治「原子力事故とリスク・危機管理」ジュリスト1427号（2011年）100頁以下

嘉門優「法益論の現代的意義——環境刑法を題材にして(一)(二・完)大阪市立大学法学雑誌50巻4号（2004年）934頁以下，51巻1号（2004年）96頁以下

【嘉門　優】

第14章 電脳社会・情報社会と刑法

■この章で考えること
　現代生活でインターネットはもはや市民生活や企業活動に欠くことのできない情報インフラとなっているが，このインターネットをつかった犯罪が社会問題となっている。それらの犯罪の現状と対策を考えてみよう。

1　情報化社会の進展とその影

　インターネットは，1969年に米国で開発された ARPANET を前身とする。その後，1980年台後半には商用インターネットが開始され，1995年にはインターネットの利用を想定し，GUI（グラフィカル・ユーザ・インターフェイス）を用いて専門的な知識のないユーザであっても容易に利用することができるようになった OS（基本ソフト）の Windows95 が登場すると，インターネットの利用者は飛躍的に増加した。2010年末現在で，インターネットの利用者は全世界で20億4千万人，日本では9462万人にのぼり，現在もその利用者数は増加し続けている。
　現代の生活では，コンピュータをはじめとして，スマートフォンや携帯電話，テレビなどの家電までがインターネットに接続されており，ウェブサイトの閲覧や電子メールの利用を通じて情報の取得やデータの送受信が行われている。また，インターネットを利用した商品取引（e-コマース）も日常化しており，インターネットは，

もはや存在しない生活が考えられないほど重要な社会インフラとなっている。

インターネットがこれほどまで普及した理由は，①情報の送受信が瞬時に行われる（即時性），②インターネットに接続した通信端末さえあれば通信者間の場所的な制約を受けない（場所的無限定性），③インターネットは従来の電話やファクシミリと異なり，音声や画像のみならず，「データ」という形式を用いることでさまざまな情報を通信できることにある。しかし，その反面，こうしたメリットは，一般的には通信の相手方を特定しにくい（匿名性）（もっとも，特定できないわけではない。**2**を参照．），あるいは信頼できる相手方であるかを判別しにくい，という性質になってあらわれ，これを悪用した犯罪が発生している（ネットワーク利用犯罪）。また，インターネットの即時性と場所的無限定性から，あるいはコンピュータが大量の情報を保存できるようになったことから，これらの情報を破壊したり，通信システム自体を利用不能にする犯罪が発生している（コンピュータ犯罪）。さらに，コンピュータ犯罪を行う手段としてネットワークに接続されたコンピュータに不正に侵入する犯罪も問題となっている（不正アクセス禁止法違反）。これらの犯罪は，あまり身近に感じないかもしれないが，2011年5月に発覚したソニー・コンピュータエンタテインメントを舞台とした7700万件の個人情報漏洩事件に象徴されるように，不正アクセスや個人情報の漏洩の被害者には，インターネットに接続された通信機器をもつ者の誰もがなりうるのである。

2 インターネット技術の基本

インターネットは，TCP/IPという通信システムを用いる。この

TCP/IPという通信システムは，個別の機器を特定するIPアドレスという個体識別番号が振られた情報機器のあいだで，パケットという分割された情報をバケツリレーのように次々とルータ（中継機）に渡し，最終的に相手方に到達するものである。これらのパケットには送信先のIPアドレスが付されるとともに，送信元のIPアドレスも付されることから，ルータなどに残されるログ（通信記録）を解析することによって，通信機器を特定することも可能である。もっとも，プロキシ（代理）サーバを経由して，通信を行う場合は，相手方の通信機器に残るログはプロキシサーバのIPアドレスであり，匿名性が高まる。しかし，この場合であっても，プロキシサーバのログには，プロキシサーバ利用者のIPアドレスが残るため，相手方のログからプロキシサーバを割り出し，プロキシサーバのログから送信元を割り出すことによって通信機器を特定することが技術的にはできるようになっている。

　また，インターネットは便利で有用性が高い反面，不正アクセスや不正な情報の取得等のサイバー犯罪を目的として利用する者も少なからず存在する。そのため，通信機器には，さまざまなセキュリティが施される。このうち最も重要な役割を果たすのが，ファイアウォールである。ファイアウォールとは，特定の機器からのアクセスを制限し，あるいは特定のソフトウェアが外部にアクセスしようとすることを制限するシステムである。いうなれば，情報の出入りを監視する警備員である。これによって外部からの不正なアクセスを遮断したり，ウイルスの感染などによって情報が外部に流出することを防ぐのである。さらに，コンピュータウイルス（コラム14-2参照）に対してはウイルス対策ソフトを導入することによって，スパイウェア（情報機器の使用者が気づかないうちにインストールされ，外部に情報を流出させるソフトウェア）などに対してはアンチスパイウ

ェアを導入することによって，これらのマルウェア（悪意のあるソフトウェア）を駆除することができるようになっている。

しかし，こういった防御にもかかわらず，サイバー犯罪は発生しており，いたちごっこの様相を呈している。こうした自衛的な防御手段を導入することはサイバー犯罪から身を守るために必要な手段であるが，同時に社会全体としてみた場合，サイバースペースにおいてルールを確立し，そこに法制度を導入していくことも，サイバー犯罪の抑止にとって必要なことであろう。以下では，個別のサイバー犯罪と刑事規制の現状についてみてみることにしたい。

3 ネットワーク利用犯罪

ワンクリック詐欺　ワンクリック詐欺とは，ウェブページ上のアダルトサイトや迷惑メールとして受信された出会い系サイトなどへのリンクをクリックすると，「IPアドレス：211.2.27.208」「情報使用料：45800円」「会員登録を完了しました」「支払期限を過ぎても入金が確認できない場合，法的な手段をとります」などと表示して，あたかも同サイトの有料情報を購入する契約が完了したかのように装い，情報使用料名目で金銭を請求して，だまし取るものである。

まず，こうしたサイトへの入会契約が成立するには，電子消費者契約法3条により消費者が申込みを行う前に，その申込み内容を確認させる必要があり，また，事業者側の申込み承諾の通知が消費者に届かなければ契約は成立しない。したがって，ウェブサイトやメールのリンクをクリックしただけでは，契約自体が成立していない。また，通信機器を特定する発信元のIPアドレス（**2**参照）は，通信の相手方は当然に知ることのできるものである。しかし，その

> **コラム 14-1 サイバー犯罪条約**
>
> サイバー犯罪は犯罪が国境を越えて広範な影響を及ぼすことから，その防止と抑制のためには国際的な協調が必要であるとして，各国にサイバー犯罪を処罰する実体法とこれに即した証拠収集の方法と国際協力を定めた手続法の整備を求める条約である。この条約は，2001年に主要国により採択され，日本もこのときに署名をしており，2004年には国会の承認を得ている。もっとも，この条約にもとづく国内法の整備はあまり進んでいない。それは，コンピュータネットワークに接続している記録媒体からのデータの差押を認めることにより，捜索差押の範囲が過度に広がるという懸念や，また無令状での通信記録の保全要請を認める規定が，通信の秘密（憲21条2項）に反するという懸念の結果である。しかし同時に，インターネットを舞台とする犯罪は日々発生しており，基本的人権の保護をはかりながらも早急に法整備が進められることがのぞまれる。

IPアドレスを誰が使用しているかについては，ISP（インターネットサービスプロバイダ）に照会を行わないと特定することができない。しかし，ISPの会員情報は個人情報の保護に関する法律（以下「個人情報保護法」という）によって保護される個人情報に該当するから，特定電気通信役務提供者の損害賠償責任の制限及び発信者情報の開示に関する法律（以下「プロバイダー責任制限法」という）が定める権利侵害や，捜索差押許可状による場合でなければ開示が認められないため，氏名や住所，電話番号などが相手方に特定されることはない。

このようなワンクリック詐欺は，アダルトサイトなどその利用を他人に知られたくない，あるいはそれを理由としてもめ事に巻き込まれたくない，という心理につけこむ犯罪である。法的に成立していない契約に対して，あたかも契約が成立したかのように装って，

金銭の支払いを請求するものであるから，誤って振り込んでしまった場合は，もっぱら虚偽の告知を手段とする場合は詐欺罪（刑246条1項）に，脅迫を手段とする場合は恐喝罪（刑249条1項）が成立する。また，請求画面を表示しただけでも詐欺未遂罪（刑246条1項，刑43条）や恐喝未遂罪（刑249条1項，刑43条）が成立する。

フィッシング詐欺　フィッシング詐欺とは，悪意の第三者が会員制のウェブサイトや銀行・クレジットカード会社などの有名企業を装い，ユーザアカウントの更新や再登録を求めて，本物のウェブサイトを装った偽のウェブサイトに誘導し，そのサイトで，ID（識別符号）やパスワードなどの会員情報，クレジットカード番号入力させ，これらの個人情報を抜き取る，というものである。

　フィッシング詐欺の問題は，「詐欺」という名称にもかかわらず，それ自体は詐欺罪として処罰できないことである。詐欺罪は，相手方を騙して財物や有償サービスなどの財産上の利益を提供した場合にのみ成立するが，こうした個人情報は「財物」や「財産上の利益」にはあたらないため，それだけでは詐欺罪にあたらない。もっとも，対象となる個人情報がクレジットカードの決済情報である場合は，これをもとにして不正なクレジットカードを作成する目的があれば，支払用カード電磁的記録不正作出準備罪（刑163条の4第1項）に当たる，といえよう（なお，IDとパスワードの抜き取りについて，Yahoo!JAPANのウェブサイトに似せて，フィッシングのための偽ウェブサイトを作成したことについて著作権法違反に問われ，有罪になった例がある。）。また，不正に取得されたクレジットカード情報を利用して，決済が行われた場合は，販売店やサービスの提供者を被害者として詐欺罪（刑246条）が成立する。他方，不正に取得された個人情報を入力して，会員のみしかアクセスできない情報にアクセスし

た場合は，個人情報を入力する行為について不正アクセス行為の禁止等に関する法律（以下「不正アクセス禁止法」という）違反（不正アクセス禁止法3条1項，同8条1項1号）が成立するとともに，有料コンテンツを利用・閲覧する場合は詐欺罪（刑246条2項）が成立することになろう。

電子掲示板などでの業務妨害・名誉毀損・個人情報の暴露

近年，電子掲示板等に特定人の殺傷予告や，企業や団体に対する爆破や放火の予告が，2008年の電子掲示板で予告されたうえで実行された秋葉原無差別殺傷事件以降，大きく取りざたされている。また，学校裏サイトやプロフサイト，電子掲示板などに，特定人を誹謗中傷する書き込みを行うことが社会問題となっている。

まず，電子掲示板などに特定個人の殺傷を予告し，あるいは特定企業・団体の業務を妨害するような書き込み行為には，相手方が個人の場合には脅迫罪（刑222条），企業・団体の場合には虚偽の情報を用いた場合は偽計業務妨害罪（刑233条後段），暴行または脅迫的表現を用いた場合は威力業務妨害罪（刑234条）が成立する。また，悪戯目的での業務妨害の場合は軽犯罪法違反（軽犯罪法1条31号）が成立する。

さらに，具体的内容を示して特定個人の名誉を害するような書き込みをする場合は名誉毀損罪（刑230条）が，内容が具体的に書かれておらず，単なる抽象的言辞を書くことによって名誉を害する場合には侮辱罪（刑231条）が成立する。

しかし，やはりここでも問題となるのは，個人の住所や電話番号などの個人情報が暴露された場合である。フィッシング詐欺でも問題となったように，現在の法制度は個人情報の保護について十分な対応できている，とはいいがたい。個人情報保護法では，顧客情

報，従業員情報等において，5,000人以上の個人情報をもち，事業を営むうえで利用している事業者（個人情報取扱事業者）が，データの漏えい等について，主務大臣の勧告にもかかわらず，是正措置を執らなかった場合などについて，個人情報保護法違反（個人情報保護法34条2項，同56条）によって6月以下の懲役または30万円以下の罰金で処罰される程度であって，私的な理由で個人情報をもっている個人が，他人の個人情報を電子掲示板などで暴露した場合には，なんら犯罪とならない。プロバイダー責任制限法3条2項によって，電子掲示板の運営者に対して削除を求めることができるだけである。しかし，インターネットのもつ匿名性はこのような書き込みに対する抵抗感を引き下げると同時に，即時性と場所的無限定性は，個人情報を不特定多数の者に広げてしまい，結果的に被害者に負担は甚大なものになってしまう。この点については，知られない権利という意味でのプライバシー権ではなく，自己の個人情報をコントロールしうるという意味でのプライバシー権の観点から，本人の意に反して，個人情報を書き込むような場合に対する刑事規制も今後，考慮されるべきであろう。

4　クラッキング・不正アクセス

コンピュータへの不正アクセス　　サイバー攻撃（後述）の基本的な手段は，コンピュータネットワークを通じて，コンピュータ・システムに侵入することである。インターネットがインフラとして整備された社会においては，こうした不正アクセス行為が，アクセス制御機能に対する社会的信頼を失わせ，サイバー犯罪を助長させる。また，ネットワークを無秩序な状態にして，ネットワークの利用を阻害し，高度情報通信社会の発展を害する危険があ

る,といえるだろう。

　不正アクセス禁止法は,次の2つの場合の処罰を定めている。他人のIDとパスワードなどを無断で使用して,コンピュータを利用する場合（不正アクセス禁止法3条2項1号）と,コンピュータ・システムなどのセキュリティホールなどの脆弱性を突いた攻撃を行うことによりコンピュータに侵入する場合（不正アクセス禁止法3条2項2号,同3号）である。いずれも1年以下の懲役または50万円以下の罰金であるが,サイバー攻撃の抑止の観点からより重い処罰が考えられてもよいのではないだろうか。なお,アクセス管理者には,識別符号などの適切な管理,アクセス制御機能の有効性の検証と高度化,その他の不正アクセス行為から防御するため必要な措置を行うことが求められている（不正アクセス禁止法5条）が,罰則規定はない。

サイバー攻撃,サイバーテロ　サイバー攻撃（クラッキング）とは,コンピュータネットワークから,企業や個人のコンピュータ・システムに不正に侵入するなどして,そのコンピュータ・システムを破壊したり,保存されているデータを改竄することをいう。このサイバー攻撃が,治安や国防あるいは基幹サービスのコンピュータ・システムに向けられ,不正に侵入などによって,システムを破壊したり,保存されているデータを改竄して,国家や社会基盤を機能不全に陥れる行為をサイバーテロという。サイバー攻撃は,軽度なものではホームページの改竄から,重度なものではシステムダウンやデータの削除・改竄によって実質的にサーバを利用不能にするものがある。

　相手方の通信機器を利用不能にする方法としては,①相手方の通信機器の処理能力を超える大量のアクセスを行うことにより相手方の通信機器を使用不能にするDoS（Denial of Service）攻撃（なお,

> **コラム 14-2　コンピュータウイルス作成の刑事規制**
>
> 　コンピュータウイルスとは，第三者のプログラムやデータベースに対して意図的に被害を及ぼすように作られたプログラムであり，自己伝染機能，潜伏機能，発病機能のいずれかひとつ以上の機能を有するものである。このコンピュータウイルスは，インターネットの普及のごく早い段階から問題となっており，従来は，コンピュータウイルスを感染させ，データファイルを削除するなどした場合には器物損壊罪や電子計算機損壊等業務妨害罪で処罰していた（器物損壊罪として処罰するものとして東京地判2011〔平23〕・7・20公刊物未登載など）。しかし，日本が批准しているサイバー犯罪条約6条1項aでも国内法の整備が要求されていることから，2011年6月には不正指令電磁的記録に関する罪として，コンピュータウイルスの作成，提供，供用，取得，保管行為を処罰する刑法の改正が行われ，同年7月から施行されている。

ネットワークに接続された多数の通信機器を踏み台として大規模な攻撃を行う場合をDDoS（Distributed Denial of Service）攻撃という），②相手方の情報機器にコンピュータウイルスを送り込んで実行し，その通信機器のHDDを消去したり，利用権限を奪う行為，③ネットワークを利用して，外部から相手方の通信機器に侵入し（侵入行為については前項を参照），HDDを消去するような場合がある。これらによって企業などの業務が妨害される場合は，いずれも電子計算機損壊等業務妨害罪（刑234条の2）が成立する。この罪には，5年以下の懲役または100万円以下の罰金が定められており，3年以下の懲役または50万円以下の罰金を定める業務妨害罪（刑233条，234条）より重くなっている。これは，業務妨害の結果が広範囲に及ぶことが想定されるからである。

　こういった，サイバーテロは特殊なものではなく，日常的に発生している。たとえば，2011年7月10日夜から11日未明にかけて警察

庁のホームページが閲覧できなくなったという事件が発生しているが、これは発信元の90％が中国であるDDoS攻撃が原因であったことが判明している。また、2011年10月には衆議院等のサーバがサイバー攻撃を受けた事件も発生しているが、これはメールに添付されたコンピュータウイルスの一種である「トロイの木馬」に感染したことがきっかけであったことが判明している。こういったサイバー攻撃が頻発する原因は、DoS/DDoS攻撃については、実行するフリーウェアが流通しているためであろう。また、コンピュータウイルスについても、新種のウイルスが作成されることもあるが、既存のウイルスの亜種の作成については、既存の種のソースコード（コンピュータプログラム）がインターネット上に流通していることも一因となっている、といえよう。

情報の不正取得　情報それ自体は、刑法上、財物に当たらないため、これを不正に取得する行為は、その情報が紙面やフロッピーディスクなどの有体物と一体となっている場合に限って、窃盗罪（刑235条）や業務上横領罪（刑253条）として処罰をしてきた。しかし、ネットワークの普及は、通信機器に保存された情報を、有体物の媒介なく情報の不正取得を可能にし、実際にソニー事件のような不正アクセス・情報漏洩事件が発生している。このような場合、従来の法制度の枠組みでは、不正アクセス罪（不正アクセス禁止法3条）のみが成立し、情報の不正取得を犯罪とすることはできなかった。そこで、2003年に不正競争防止法が改正され、不正アクセス行為の方法で営業秘密を侵害した場合についても処罰されることになり、現在では、不正アクセスを含む管理侵害行為により不正に営業秘密（秘密管理性、有用性、非公知性を有するもの）を取得した場合（不正競争防止法21条1項1号）に、10年以下の懲役と1,000万円の罰金のどちらか一方または両方が科されることになっ

ている（同21条1項柱書）。また，同法は，不正アクセス行為により顧客名簿等，営業秘密に属する個人情報を漏洩させる場合も処罰されることになるものと思われる。なお，営業秘密に該当しない個人情報などは，保護の対象とならないことは注意すべきである。

5 インターネット空間の安全の今後

　情報社会の高度化とともに，インターネットの利用者は今後，さらに増加していくことが見込まれる。そして，インターネットの利用者の増加とともに，サイバー犯罪の増加も予想される。他方，ここまでにみてきたようにサイバー犯罪に対する現在の法制度は対症療法的であって，国民にとって十分な盾となりえていない。とくに個人情報の保護については，不十分といわざるをえない。しかし，国民が安全にインターネットを利用できるようにするためには，法制度の整備と十分な取締りを行っていくことを通じて，秩序あるインターネット空間をつくっていくとともに，インターネットのユーザのひとりひとりがインターネットの基本的なしくみを理解ながら，セキュリティソフトを導入するなどして自衛することが必要であろう。それは，空き巣の多い地域では，警察が取締りを重点的におこなうとともに，住民のひとりひとりが防犯意識を高めて戸締まりをきちんと行うようにすることと同じである。もっとも，インターネット空間はこの十数年間に爆発的に広がったため，そもそも利用者のあいだで「何が正しいのか」というルールが十分に醸成されていないという面もある。この点については，インターネットの安全な利用とインターネットの利便性のバランスをみんなで考えながら，徐々につくられていくことになるだろう。

〔参考文献〕

高橋和之・松井茂記・鈴木秀美編著『インターネットと法〔第4版〕』（有斐閣, 2010年）

夏井高人監修／佐々木秀智ほか『IT ビジネス法入門——デジタルネットワーク社会の法と制度』（TAC 出版, 2010年）

岡田好史『サイバー犯罪とその刑事的規制』（専修大学出版局, 2004年）

【付記】

　2012年1月24日，警察庁は，フィッシング詐欺（**3**参照）を処罰できるようにするとともに，従来の不正アクセス行為の法定刑を「1年以下の懲役または50万円以下の罰金」から「3年以下の懲役または100万円以下の罰金」に引き上げる不正アクセス禁止法の改正案を取りまとめ，第180回国会に上程される予定であることを発表した。

【鈴木優典】

第15章 公務員と刑法

■この章で考えること
　犯罪の疑惑がかけられた公務員について、疑惑のみを理由に処罰することは可能か。公務員が「全体の奉仕者」としての地位と私人としての地位をあわせ持つことを前提に、刑法の基本原則の観点から、「疑惑」が「犯罪」となるプロセスを考えてみよう。

1　疑惑による処罰と刑法の基本原則

　公務員（とくに、国会議員や官僚）に不正な事実に関する疑いがかけられた場合、われわれは、彼らの「責任」を考える機会を得る。その中には、犯罪成立に伴う責任、すなわち刑事責任も含まれる。しかし、「疑惑」の存在が、「犯罪」成立を意味するわけではない。
　たとえば、「あなたは犯罪を行った疑いがある」とのみ告げられて、実際に刑罰が科されたとしたら、多くの読者は不当と感じるであろう。刑事裁判には、無罪推定の原則、あるいは「疑わしきは被告人の利益に」の原則が妥当するため、疑いが残る（疑いにとどまる）場合に、被告人を処罰することはできない。
　また、法律に書かれていない「犯罪」（たとえば、本書を読んだ罪）を理由に「罰金50万円を支払え」との宣告を受けた場合、これも多くの読者は不当と考えるだろう。このような刑罰の恣意的な使用を制限する原則として、犯罪と刑罰はあらかじめ法律により定められていなければならないことが要請されている（罪刑法定主義）。

以上，2つの原則から，「公務員の疑惑」の問題をみると，次の2点を指摘することができる。「疑惑」がすなわち「犯罪成立」を意味するとすれば，それは「疑わしきは被告人の利益に」の原則に抵触するということ，および「公務員」に対する疑惑であることを理由に，条文の要件を無視して，公務員だけを不利益に扱うことは，罪刑法定主義に反することが，これである。

　本章では，このような視点から，公務員のみが行いうる賄賂罪と，私人と同じ犯罪が問題となる業務上過失致死傷罪を素材に，疑惑が犯罪として認定されていくプロセスをみていくことにしよう。

2　公務員のみが行いうる犯罪——賄賂罪

賄賂罪の成立要件　　公務員（とくに，国会議員）の収支に不透明な金の流れが認められると，「政治とカネ」をめぐる「疑惑」が発生する。しかし，ここでいう「疑惑」の存在がただちに「犯罪」の成立に至るわけではない。犯罪の成立要件を充足する事実が認められなければならないのである。

　この場合に検討されるべき犯罪として，賄賂罪がある。賄賂罪は，収賄罪（公務員が賄賂を受け取る犯罪：刑197条以下）と贈賄罪（公務員に賄賂を渡す犯罪：刑198条）からなる。収賄罪の規定は多岐にわたるが，その基本的な要件は，「公務員が，その職務に関し，賄賂を収受し，又はその要求若しくは約束をした」点にある。収賄罪の成否を検討する際には，この要件が出発点となる。

　ところで，収賄罪の要件には，「その職務に関し」という限定が付されている。収賄罪は，およそなんらかの形で公務員が賄賂を収受することを処罰しているのではなく，それを「職務に関し」収受することを処罰しているのである。

コラム 15-1　政治資金規正法と賄賂罪

　国会議員への金銭等の流れをコントロールするための刑罰法規として，賄賂罪のほかに政治資金規正法がある。同法は，政治団体および公職の候補者の政治活動が，国民の不断の監視と批判の下に行われるようにするための措置を講ずることにより，政治活動の公明と公正を確保し，もって民主政治の健全な発達に寄与することを目的とする（同法 1 条参照）。同法には刑罰法規として，会計帳簿の記載義務違反・虚偽記入等，政治団体の会計処理に関する義務違反の罪（同24条），収支報告書の不提出・不記載・虚偽記載の罪（同25条），寄附の量的・質的制限違反の罪（同26条，26条の 2 ）がある。これらは，金銭等の流れを「ガラス張り」にし，国民による監視と批判の下に置くために定めた各種の義務に対する違反を処罰対象とするものであり，この点で賄賂罪とは性質を異にする。

　この限定は，公務員が「全体の奉仕者」とされていることから導かれる（憲15条 2 項，国家公務員法96条，地方公務員法30条）。「全体の奉仕者」である公務員には，その職務を特定の者の利益のために行ってはならないということが要請されている。それにもかかわらず，特定の者からの賄賂を「職務に関し」収受することは，全体の奉仕者としての地位に反して，当該職務をその者に売り渡したことになる（公務の不可買収性）。それゆえ，「職務に関し」，すなわち，「賄賂と職務行為の対価関係」が要件とされるのである。

　そして，公務が買収され，違法な職務が行われると，公務員の職務の公正さが害されることになる。また，適法な職務に関して賄賂を収受したとしても，「公務員の権限行使がカネによってねじ曲げられたのではないか」という不信を生み，公務に対する信頼が失墜する。賄賂罪は，このような事態を予防することを目的とする犯罪である。すなわち，賄賂罪が保護しているもの（保護法益）は「公

務員の職務の公正とこれに対する社会一般の信頼」なのである。

賄賂罪と職務権限

「賄賂と職務行為の対価関係」が賄賂罪の要件であることから、実際の事件では、賄賂が支払われた公務員の一定の行動が職務行為の範囲に含まれるかが問題となる。では、その範囲はどのように決められるのであろうか。実際のケースに即してみていくことにしよう。

ここで取り上げるのは、ロッキード事件（最判1995〔平成7〕・2・22刑集49巻2号1頁）である。本件は、L社の航空機の日本における販売代理店であるM社の社長Hらが、内閣総理大臣Tに対して、A社がL社の航空機を選定購入するよう同社に行政指導をなすべく運輸大臣を指揮し、ないしはT自ら直接に同社に働きかけるなどの協力を依頼して、その成功報酬として5億円の支払をすることを約束し、その後5億円の支払を行ったという事案である。

本件で、Tらに疑惑がかけられたわけだが、Tに受託収賄罪（刑197条1項後段）、Hらに贈賄罪（同198条）が成立するためには、Tが航空機を選定購入するように運輸大臣に働きかけること、またはT自身がA社にこのような働きかけを行うことのいずれかが、5億円の賄賂と対価関係にある職務行為でなければならない。では、職務行為の範囲はどのように定められるのであろうか。

賄賂罪にいう「職務」とは、「公務員がその地位に伴い公務として取り扱うべき一切の執務」をいう（最判1953〔昭和28〕・10・27刑集7巻10号1971頁）。公務員の職務は法令によって規定されるから、賄賂罪が成立するためには、当該公務員が当該職務について、法令上の職務権限を有していなければならない。その種の公務員としての一般的・抽象的な職務権限が認められれば足り、当該公務員がある職務を現に担当している必要はない。

では、Tの運輸大臣に対する働きかけは、内閣総理大臣の「職

務」に含まれるであろうか。本件では、職務行為の範囲が2重に問題となっていることに注意が必要である。すなわち、①特定の航空機の選定購入をするよう勧奨することが、運輸大臣の職務権限に含まれるか、②このような勧奨をするよう運輸大臣に働きかけることが、内閣総理大臣の職務権限に含まれるか、がこれである。

最高裁は、①運輸大臣の職務権限を、運輸省設置法に規定される運輸省の任務、所掌事務、権限、航空法によって運輸大臣に付与される定期航空運送事業者の事業計画変更の認可権限などを根拠として、「航空会社が新機種の航空機を就航させようとする場合、運輸大臣に右認可権限を付与した航空法の趣旨にかんがみ、特定機種を就航させることが前記認可基準に照らし適当であると認められるなど、必要な行政目的があるときには、運輸大臣は、行政指導として、民間航空会社に対し特定機種の選定購入を勧奨することも許される」とした。

つぎに、②内閣総理大臣の職務権限について、最高裁の多数意見は、内閣総理大臣が、憲法上、内閣の首長であり（憲66条）、国務大臣の任免権（同68条）、内閣を代表して行政各部を指揮監督する職務権限（同72条）を有するなど、内閣を統率し、行政各部を統轄調整する地位にあること、および内閣法上、内閣総理大臣が閣議を主宰し（内閣法4条）、内閣総理大臣は、閣議にかけて決定した方針に基づいて行政各部を指揮監督し（同6条）、行政各部の処分または命令を中止させることができる（同8条）ことから、「内閣総理大臣が行政各部に対し指揮監督権を行使するためには、閣議にかけて決定した方針が存在することを要するが、閣議にかけて決定した方針が存在しない場合においても、内閣総理大臣の右のような地位及び権限に照らすと、流動的で多様な行政需要に遅滞なく対応するため、内閣総理大臣は、少なくとも、内閣の明示の意思に反しない限り、行

政各部に対し，随時，その所掌事務について一定の方向で処理するよう指導，助言等の指示を与える権限を有する」とし，本件働きかけは，賄賂罪における職務行為に当たるとした（この判断により，被告人らの有罪が認定できるため，本判決は，T自身による働きかけの職務行為性については判断していない）。

　本判決は，内閣総理大臣にかけられた「疑惑」を「犯罪」と認定するために，5億円の賄賂が内閣総理大臣の「職務に関し」収受されたものであるか，すなわち，内閣総理大臣の本件働きかけが「職務行為」に含まれるかを，憲法，内閣法，運輸省設置法，航空法など関係法令から検討したものである。疑惑を疑惑のまま処罰することは，「疑わしきは被告人の利益に」の原則に反するため許されないことから，有罪判決を下すためには詳細な事実認定が必要となるのである。また，内閣総理大臣の職務権限は，憲法および内閣法に規定されるものであり，決して国内のすべての行政作用に及ぶわけではない。仮に，内閣総理大臣の職務権限に含まれない職務を理由に「疑惑」がかけられていたとしたら，これを処罰することも，罪刑法定主義に照らし，許されないのである。

職務密接関連行為　以上のような理解からは，北海道開発庁長官が，A建設から，北海道開発局の開発建設部が発注する予定の港湾工事について，同社が受注できるように北海道開発局港湾部長に指示するなど便宜な取り計らいをされたい旨の請託を受け，上記港湾部長にA建設が特定の工事を落札できるように便宜を図ることを求め，その報酬として合計600万円の現金の供与を受けたという事案（北海道開発庁長官収賄事件：最決2010〔平成22〕・9・7刑集64巻6号865頁）について，無罪の結論に至ることになる。なぜなら，当時の北海道開発局は，北海道開発庁の事務を分掌するほか，北海道総合開発計画に基づく国の直轄事業で，農林水

産省，運輸省及び建設省の所掌するものの実施に関する事務を所掌していたが，直轄事業の実施事務に関しては，当該事務に関する主務大臣のみが北海道開発局長を指揮監督できるとされていたところ，本件港湾工事が国の直轄事業であったため，北海道開発庁長官にはこれに関する法令上の指揮監督権限が認められず，本件働きかけは上述した意味での「職務行為」とはいえないからである。

しかし，判例は，このような場合でも，職務に密接に関連する行為であれば，賄賂罪は成立すると解してきた（これを「職務密接関連行為」という）。その理由は，上述した賄賂罪の保護法益の観点からは，このような行為であっても，職務の公正に対する社会一般の信頼が損なわれる点に求められている。

北海道開発庁長官収賄事件について，最高裁も，本件「行為は，職員に対する服務統督権限を背景に，予算の実施計画作製事務を統括する職務権限を利用して，職員に対する指導の形を借りて行われたものであり，また，被告人には港湾工事の実施に関する指揮監督権限はないとしても，その働き掛けた内容は，予算の実施計画において概要が決定される港湾工事について競争入札を待たずに工事請負契約の相手方である工事業者を事実上決定するものであって，このような働き掛けが金銭を対価に行われることは，北海道開発庁長官の本来的職務として行われる予算の実施計画作製の公正及びその公正に対する社会の信頼を損なうものである」として，本件働きかけを職務密接関連行為として，受託収賄罪の成立を認めた。

もっとも，職務密接関連行為については，社会の信頼を損なったかどうかの観点のみから密接関連性を判断するとするならば，職務の公正への疑いがその判断に含まれがちであり，賄賂罪の処罰範囲が不明確になるという批判がある。本章の問題意識によれば，本来であれば「疑惑」の存在のみでは処罰されないはずの賄賂罪が，

コラム 15-2 社交儀礼と賄賂罪

賄賂罪にいう「公務員」は国会議員に限られない。たとえば，公立学校の教員も，公務員であるから，その職務に関して賄賂を収受すれば，収賄罪になる余地がある。最判1975〔昭和50〕・4・24判タ321号66頁は，国立大学附属中学校の教諭が，学習指導等の職務に関し，生徒の父母から贈答用小切手を収受したとして起訴された事案であるが，本件では被告人が，父母らの特別な依頼・要望にこたえて学習指導時間外の時間や私生活上の時間を割いてまで，生徒の指導を行っていたものであり，また卒業時における教員への謝恩的贈答は一般的な社交儀礼であったという事情があった。最高裁は，本件小切手の供与は「被告人の職務行為を離れた，むしろ私的な学習上生活上の指導に対する感謝の趣旨と，被告人に対する敬慕の念に発する儀礼の趣旨に出たものではないかと思われる余地がある」とし，職務関連性への疑問を理由に原審の有罪判決を破棄した。

「職務の公正への疑い」を含んだ職務密接関連行為の判断により，「疑惑による処罰」になってしまうという批判と言い換えることができる。しかし，北海道開発庁長官収賄事件のような事案を処罰しないとすることも，処罰の間隙を生むことになり妥当ではないであろう。

「疑惑による処罰」になってしまうことを回避するための考え方としては，次のようなものがある。そもそも賄賂罪の保護法益に「社会一般の信頼」が含まれているから，社会一般の信頼を害するような賄賂の収受に広く収賄罪が認められてしまう点に問題があるとして，同罪の保護法益から「社会一般の信頼」を除外するとする考え方がこれである。しかし，このような考え方は，「公務員の職務の公正」のみを保護法益とする結果，適法な職務行為についても収賄罪が成立しうる（刑197条参照）ことを説明することが困難とな

る。

ここから先は、刑法学上も対立があるが、保護法益の観点、あるいは職務密接関連行為という概念の必要性なども含めて、いかなる限定が可能か考えていただきたい。

3 国家公務員による業務上過失致死傷罪——監督責任

<u>公務員と過失犯</u>　業務上過失致死傷罪（刑211条1項）は、「業務上必要な注意を怠り、よって人を死傷させた」場合に成立する（本罪について、第**12**章参照）。「業務上必要な注意を怠り」とは、一定の業務に従事するに際して課せられる注意義務、すなわち一定の結果（被害）を回避するための義務に違反することをいう。

本罪は、賄賂罪とは異なり、私人も行いうる犯罪であり、条文にも、公務員であることに基づく特別の要件は書かれていない。それゆえ、同じ状況に置かれた私人と公務員とが同様の事故を起こした場合に、公務員だけが公務員であるとして、特別な要件を課されて有罪となることはない（罪刑法定主義）。当該地位にある人間として、結果回避のためにいかなる措置を講じるべきであったかが、私人と同じように認定されなければならず、その措置によっても結果が回避できない場合には、その者を処罰することはできないのである。

<u>国家公務員の注意義務・作為義務</u>　公務員の「注意義務」が争われたものとして、薬害エイズ事件厚生省ルート（最決2008〔平成20〕・3・3刑集62巻4号567頁）がある。事案は、（旧）厚生省薬務局生物製剤課長の地位にあった被告人が、HIV（ヒト免疫不全ウイルス）が混入しているおそれがある非加熱血液製剤について、行政

上適切な措置を採らなかったため，医師からその投与を受けた患者をHIVに感染させたうえ，エイズを発症させて死亡させたというものである。

　この事案では，2つの側面から「注意義務」を検討する必要がある。それは，本件が，被告人が過失により，行政上適切な措置を採らなかったという事案であることから要求される。期待された一定の行為をしないことにより犯罪を実現する場合を不作為犯というが，被告人が「行政上適切な措置を採らなかった」ことが問題となる本件では，過失による不作為犯の成否が問題となる。過失犯の成立には注意義務違反が必要となるが，不作為犯の成立にも，一定の範囲で危険状況に介入する義務（これを「作為義務」という）の存在が必要となる。作為義務は，「○○せよ」という命令の形式を採るため，行為者の他の行動の選択肢を奪ってしまうことから，その範囲を一定の根拠から限定する必要がある。では，本件ではいかなる注意義務・作為義務が，いかなる根拠から認められるであろうか。

　最高裁は，本件非加熱製剤中にはHIVに汚染されていたものが相当量含まれており，これを使用した場合，HIVに感染してエイズを発症する者が出現し，多数の者が高度の蓋然性をもって死に至ること自体はほぼ必然的なものとして予測されたこと，医師や患者においてHIV感染の結果を回避することは期待できなかったこと，国が承認していた同製剤販売中止等の措置について国が方針を示さず，製薬会社等にゆだねれば，安易な販売・使用等が行われるおそれが現実化する具体的な危険が存在していたことなどの事情を認定したうえで，「このような状況の下では，薬品による危害発生を防止するため，薬事法69条の2の緊急命令など，厚生大臣が薬事法上付与された各種の強制的な監督権限を行使することが許容される前提となるべき重大な危険の存在が認められ，薬務行政上，その防止

のために必要かつ十分な措置を採るべき具体的義務が生じたといえるのみならず，刑事法上も，本件非加熱製剤の製造，使用や安全確保に係る薬務行政を担当する者には，社会生活上，薬品による危害発生の防止の業務に従事する者としての注意義務が生じたものというべきである」とし，防止措置には，法律上の強制監督措置のみならず，防止の目的を達成することが合理的に期待できる場合には，任意の措置を促すことも含まれると判示したうえで，被告人には，厚生省における地位に基づき「必要に応じて他の部局等と協議して所要の措置を採ることを促すことを含め，薬務行政上必要かつ十分な対応を図るべき義務があった」として，業務上過失致死罪の成立を認めた。

　本決定は，公務員としての地位のみを理由として処罰したのではなく，公務員たる被告人が，「業務上必要な注意を怠った」こと，すなわち当該状況において一定の介入を行うべき義務があり，それを怠ったことを，詳細な事実認定（危険状況の存在，被告人の地位）と，法律上の根拠（薬事法）に基づいて判断し，そのうえで被告人を処罰したものである。ここで薬事法などが根拠とされているのは，私人と共通の要件である結果回避義務の内容を，厚生省薬務局生物製剤課長である被告人にいかなる措置が採りえたかという観点から，具体的に決定するためである。公務員であるがゆえに，私人とは異なる要件を理由に処罰したものではないのである。

作為義務の発生根拠との関係　もっとも，同決定では，作為義務の存否の点でなお問題が残っている。本件被告人に作為義務を認定する際にも，公務員特有の根拠が存在するわけではないから，私人と同様の根拠に基づいてこれを認定しなければならない。はたして，本件で作為義務が認められるであろうか。

　学説ではその根拠を，法令や契約など形式的な根拠に求める見解

> **コラム 15-3　明石歩道橋事故事件**
>
> 　その他，公務員の注意義務が問題となった著名事件として，明石歩道橋事故事件（最決2010〔平成22〕・5・31刑集64巻4号447頁）がある。本件は，明石市民夏まつりの花火大会に参集した多数の観客が，最寄り駅と公園を結ぶ歩道橋に集中した結果，歩道橋上において参集者が折り重なって転倒し，多数の死傷者が出た事案であり，明石市の担当者3名，警備員の統括責任者たる警備会社の支社長，現地警備本部指揮官たる兵庫県明石警察署地域官が起訴された。最高裁は，本件地域官には，配下警察官を指揮すること，明石警察署長を介し，または自ら，機動隊の出動要請をすることにより，事故を防止する義務があったと判断した。なお，本件では，当初起訴されていなかった明石警察署副署長が，検察審査会による2度の起訴相当議決を受けて強制起訴されており，複数人による過失犯において誰を起訴するかという問題も含んでいる。

と，より実質的な根拠に求める見解とがある。たとえば，結果発生に至る出来事の流れ（因果の流れ）を自ら設定したことを要求する見解（先行行為説），結果発生に至る因果の流れを自己の掌中に収めていたことを要求する立場（排他的支配説）などが後者に属する。

　しかし，いずれの見解によっても，本件被告人に作為義務が発生することを完全に説明できるわけではない。形式的立場からは，旧厚生省設置法や薬事法上の義務から刑法上の作為義務を導くことになろう。しかし，他の法領域における義務が，ただちに刑法上の義務を基礎づけるとすることには学説上も疑問が向けられている。

　これに対して，先行行為説からは，被告人自身が因果の流れを設定したことが求められる。しかし，HIVの危険性が認識されておらず，かつ，被告人の前任者がその地位にあったころの厚生省の「承認」を被告人自身の先行行為と見ることは困難であろう。また，排他的支配説からも，販売会社（M社）が存在する以上，被告人が

因果の流れを排他的に支配していたと即断することはできない。

　本件で被告人に一定の義務（注意義務と作為義務）を認めることが必要であり，その義務を明らかにしたとしても，それがいかなる根拠から導かれているかがさらに問題となるのである。本書をきっかけにさらに検討していただきたい（なお，本件では，なぜ薬務局生物製剤課長のみが訴追され，厚生大臣や薬務局長，他の課長ではなかったかも問題となるが，ここでは問題点の指摘にとどめる）。

〔参考文献〕
嶋矢貴之「賄賂罪」法学教室306号（2006年）55頁以下
中森喜彦「職務関連行為概念の機能」法學論叢128巻4・5・6号（1991年）177頁以下
甲斐克則「企業犯罪と公務員の刑事責任」早稲田法学85巻1号（2009年）1頁以下
鎮目征樹「公務員の刑法上の作為義務」研修730号（2009年）3頁以下

【仲道祐樹】

第16章 グローバル化国際社会と刑法

■この章で考えること

　人，物，情報が容易に国境を越えるグローバル化社会で発生する犯罪に対して，国家主権に基づく刑罰権の行使に関する法と考えられてきた刑法は，どのような変容に迫られているのか，また，今後，どのように発展していくべきなのか，について考えてみよう。

1　グローバル化社会における犯罪

　まず，グローバル化社会において問題となっている犯罪現象についてみてみよう。

犯罪のグローバル化　　2011年の警察白書は，「犯罪のグローバル化と警察の取組み」を特集している。この特集は，グローバル化社会では，世界的規模で犯罪を容易かつ効率的に遂行することが可能となり，世界的規模で活動する犯罪組織の浸透，犯罪組織の構成員の多国籍化，犯罪行為の世界的展開といった犯罪のグローバル化が進み，わが国においても重大な脅威となっていることを指摘している。犯罪のグローバル化の特徴は，組織的な犯罪集団が関与する犯罪であり，従来から問題とされてきたような，一犯罪者が国境を越えて犯罪を行う「犯罪の国際化」とは質が異なることである。

　2000年に採択された国連の国際組織犯罪防止条約では，「国境を越える犯罪」の性質として，①二以上の国において行われる場合，

②一の国において行われるものであるが，その準備，計画，指示または統制の実質的な部分が他の国において行われる場合，③一の国において行われるものであるが，二以上の国において犯罪活動を行う組織的な犯罪集団が関与する場合，④一の国において行われるものであるが，他の国に実質的な影響を及ぼす場合，と定めている（3条2項）。現在，典型的な国際組織犯罪とされるものは，薬物犯罪，小型武器取引，盗品売買，売春，ポルノの頒布，人身売買，知的財産権犯罪，環境犯罪，通貨・有価証券偽造，カード犯罪，詐欺などである。

また，グローバル化が顕著なものとしてテロリズムを挙げることができよう。このことは，2001年9月11日の米国同時多発テロの脅威が米国内のみにとどまるものではないことからも明らかである。

グローバル化した国際社会では，犯罪集団やテロリスト集団は，その拠点を世界中に分散させていたり，刑事司法制度が弱体な国や崩壊国家を隠れ家としていたり，あるいは，犯罪行為自体を計画的に多国間にわたって行うなど，容易に通過できる現代の国境の性質を利用して国内法の網をかいくぐって「国境を越える犯罪」を遂行する。そのため，1国によるのみでは，有効な対策が困難であり，これに対抗するため，国家は国際刑事協力を進めることとなる。

<u>グローバル化ゆえの犯罪化</u>　国際刑事協力のための条約では，犯罪のグローバル化への対処として，犯罪集団の活動の源泉でもあり，犯罪実行のインセンティヴの対象でもある違法な収益を確実に剥奪することが目指された。マネー・ロンダリング（犯罪で得られた収益を何らかの金融取引を通じて洗浄することにより，収益の本来の性格を分からなくする行為）の犯罪化である。この犯罪化は，1988年に国連で採択された「麻薬及び向精神薬の不正取引の防止に関する国際連合条約」（国連麻薬新条約）に始まり（3条1項(b)），そ

の後，国連国際組織犯罪防止条約へと拡張されていった（6条）。さらに，1999年のテロ資金供与防止条約は，特定の犯罪行為へ資金を提供または収集する行為の犯罪化も定めた（2条）。

また，重大犯罪やテロを未然に防止するために，国連国際組織犯罪防止条約では，組織的犯罪集団への参加自体の犯罪化あるいは共謀罪を設けることも締約国に義務づけている（5条）。

このような犯罪化の動向は，犯罪の実行の着手がある前の予備的な行為の段階で，犯罪に関与した者を広く処罰することを可能にするものである。これに対しては，わが国においては，予備罪の処罰が例外的なものであること，共犯は処罰の拡張であること，共犯は正犯者の実行着手の段階から可罰となると解されてきたこと，といった刑法解釈の観点から，処罰の早期化，広範化との批判が向けられうるものであり，慎重な検討を要するものである。それゆえ，共謀罪については，未だに立法化に至っていない。

海賊，コア・クライム　国際社会全体の共通利益を害する犯罪として，国際法上，犯罪とされてきたものがある。その古典的なものが海賊である。海賊は，人類共通の敵として，古くから国際犯罪とされてきたが，東南アジア，ソマリア沖の海賊が問題となっているように，決して過去のものではない。海賊行為で得た資金はグローバル化した金融社会においては，容易に洗浄される。そして，物流のグローバル化によって，海賊の被害が及ぼす影響は益々拡大しており，国際社会全体の関心事となっている。

また，国際社会全体が関心を寄せるもっとも重大な犯罪として，「ジェノサイドの罪」，「人道に対する罪」，「戦争犯罪」，「侵略の罪」がある。これらの犯罪は，国際法上の中核的な犯罪すなわちコア・クライムといわれる。コア・クライムの可罰性は国際慣習法に依拠

コラム 16-1　ソマリア海賊の処罰

　2008年ごろから急増したアラビア半島南側のソマリア沖およびアデン湾（日本と欧州・中東を結ぶ重要な海上交通路）における海賊に対して，被害船舶が外国船籍で（便宜置籍船も含む），乗組員も外国人である場合には，強盗罪など刑法典上の犯罪については，わが国の刑法を適用することができなかった。しかし，2009年に制定された「海賊行為の処罰及海賊行為への対処に関する法律」では，このような場合でも実行行為者の国籍を問わず処罰することが可能となった。そのようななか，2011年3月，日本の商船会社が運航する中国に向けて航行中の外国船籍の原油タンカーが海賊に襲撃され，急行した米国海軍が海賊の身柄を拘束した。日本の海上保安庁は，米軍から引取るため，逮捕状の発布を受け，公海上で逮捕し，日本に移送した。海賊実行者4名は，海賊対処法を初めて適用して起訴された（運航支配未遂；3条2項，2条1項）が，うち1名は成年が確認できないとして公訴が棄却された（家裁が検察官送致の決定）。運航支配未遂は，裁判員裁判の対象である。

するものであるが，現在，国際刑事裁判所に関するローマ規程（ICC規程）において定義づけられている（6条～8条の2）。1国家の内部における大量虐殺や自国民に対する広汎な人権侵害は，その国家内の問題にとどまるものではなく，国際平和に対する脅威となりうる。

　ジェノサイドとは，「国民的，民族的，人種的又は宗教的な集団の全部又は一部を破壊する意図をもって」行われる行為で，殺人，重大な身体的・精神的加害，身体的な破壊をもたらすことを目的とした生活条件を集団に課すこと，集団内部の出生を妨げることを目的とした措置をとること，集団の子供を強制的に他の集団に移すことをいう。

　「人道に対する罪」とは，「文民たる住民に対する攻撃であって広

範又は組織的なものの一部として,そのような攻撃であると認識しつつ行う」行為で,殺人,殲滅,奴隷化,追放,拷問,強姦,迫害,強制失踪,アパルトヘイトなどである。ICC 規程は,人道に対する罪の主体を限定していないが,これは,国家以外の主体が,国家以上に深刻な害悪を惹き起こす現実を踏まえたものと評価されている。

「戦争犯罪」とは,ジュネーブ条約の重大な違反,国際的な武力紛争に適用される法規・慣例の著しい違反,ジュネーブ条約共通3条の重大な違反,非国際的武力紛争に適用される法規・慣例の著しい違反行為をいう。

「侵略の罪」とは,「国家の政治的又は軍事的活動を実質的に管理し又は指示する地位にある者による侵略行為の計画,準備,開始又は実行であって,その性質,重大性及び規模により国際連合憲章の明白な違反を構成するもの」をいい,「侵略行為」とは,「国家による他の国家の主権,領土保全若しくは政治的独立に反する,又は国際連合憲章と両立しないその他の方法による武力の行使」のことである。

2 国内的な刑罰権の行使 (わが国の刑法による対処)

前述した犯罪に対して,国家の刑罰権の行使はどのようになされているのであろうか。わが国の刑法がどのように対処しているのか,対処しえているのかをみていくこととする。

わが国の刑法における可罰性　まず,前述の犯罪は,わが国の刑法において犯罪として成立するのであろうか。

国際組織犯罪については,もともとわが国の刑法においても犯罪として成立するものがほとんどであるが,国際刑事協力のための条

約によって新たに犯罪化することが義務づけられ，国内法として立法化されたものもある。たとえば，支払用カード電磁的記録不正作出等罪（刑法163条の2以下），人身売買罪（刑法226条の2），被略取者等所在国外移送罪（刑法226条の3）などである。

また，マネー・ロンダリング罪は，まず，麻薬特例法において犯罪化され（6条），その後，組織的犯罪処罰法（10条）においても犯罪化された。テロ資金の提供，収集行為は，テロ資金供与処罰法が立法され犯罪化されている（2条，3条）。

これに対して，前述したように，共謀罪については，未だ立法化されていないので，わが国では，組織犯罪集団への関与のみでは，犯罪は成立せず，予備段階に至らない間も犯罪は成立しない。

コア・クライムについては，わが国は，国内立法措置を取ることなく，既存の犯罪で対応することとしている。確かに，これらの犯罪は，殺人罪など，すでにわが国の刑法でもほぼカバーされているともいえる。しかし，コア・クライムの法益は，国際社会の共通利益という国際社会的なものであり，個人の生命・身体・財産といった国内社会的な法益に還元できるものとはいえない，と指摘されている。ジェノサイドも「殺人罪」だというのは，罪質の正しい表象ではなかろう。また，わが国の共犯の解釈論からは，ジェノサイドの直接的な公の煽動（ICC規程25条3項(e)）を本犯（正犯）の成立を待たずに独立して処罰することはできない。さらに，2010年に新たに定義された「侵略罪」については，対応する国内規定は存在しない。

海賊行為については，今日では，海賊対処法において，「海賊罪」が定められるに至っている（2条，3条）。「海賊罪」の場合，航行中の船舶の運航の安全が国際社会の共通利益として保護されるべきであり，これは，国内法の強盗，傷害といった犯罪類型によって保

護される個人の生命，身体，財産という利益に収まりきるものではない。新たな犯罪構成要件を設けたことは妥当であろう。ただし，領海内における海賊行為とは構成要件を分けるべきであったように思われる。

　このように，わが国の刑法は，グローバル化した社会において処罰が必要とされている行為類型に見合った犯罪類型を完備しているとは言い切れない。今後も新たな犯罪化の検討が必要とされる。検討の際には，既存の法律および確立した判例との関係やこれまでの刑法解釈論との関係，刑法の基本原則との関わりを整理・検討しなければならないとともに，国際社会に向けて国際刑事協力へのわが国の姿勢を示すものである，ということも考慮しなければならない。

　刑法適用法　つぎに，わが国の刑法において犯罪として成立したとしても，犯罪がわが国の領域外で行われた場合，そもそも，わが国の刑法が適用されるのかが問題となる。刑法の場所的適用範囲の問題（刑法適用法）である。

　この問題について，わが国の刑法は，刑法典上の犯罪に対する適用については，1条～4条の2に定めている。まず，これらの条文の「罪を犯した」とは，犯罪事実の全部または一部が犯されたことをいう。したがって，実行行為が行われた場所はもちろん，結果が発生したのみの場所でも「罪を犯した」地，つまり犯罪地となる（遍在説）。

　1条1項が領域主権にもとづくもの（属地主義）で，刑法適用の基本原則である。同条2項は，国外にある自国籍の船舶または航空機内が犯罪地の場合にも適用することを定める（旗国主義）。そして，2条以下が，犯罪地が国外つまり国外犯の場合でも刑法が適用される場合を定めている。2条は，自国または自国民の重大な利益

にかかわる犯罪について適用を認める（保護主義）。3条は，自国民が犯したことを理由に処罰を拡大するもので（積極的属人主義），3条の2は，自国民が被害者であることを理由に適用を認めるものである（消極的属人主義）。4条は，公務員についての処罰を拡大する特殊な規定である（積極的属人主義，あるいは国益を害する罪に関するものであるとして保護主義からも説明される）。4条の2は，これまでの2条から4条までにより国外犯処罰の対象とされていない罪であっても，その罪が第二編の罪であり，条約によって処罰すべきものとされている場合に適用を認めるもので，犯人の国籍，犯罪地，自国の利益の侵害の有無にかかわらず適用するという世界主義的な観点によるものである（世界主義）。

　グローバル化した社会における犯罪への対処として，国際刑事協力のための条約では，一定の場合に国外犯処罰規定を設けることが締約国に義務づけられている。まず，犯罪行為が締約国の国民によって行われた場合に，これに対する裁判権の設定の義務づけである。前述した属人主義によるものである（たとえば，テロ資金供与処罰法5条「刑法第3条の例に従う」が条約の義務履行として立法化された）。つぎに，とりわけグローバル化社会において要請されるのが，世界主義に基づいて国外犯処罰を可能にすることで，犯罪の「不処罰」を防ぐことである。テロ関係の諸条約は，犯人の逃げ場（ループ・ホール）とならないよう，容疑者所在地国に引渡か訴追か（aut dedere aut judicare）の義務（犯人を要請国に引き渡さない場合には訴追のため自国の当局に事件を付託する義務）を締約国に義務づけている。このような場合，締約国は，犯人や被害者の国籍に関わりなく，国外犯に対する裁判権を設けなければならない（たとえば，テロ資金供与処罰法5条「刑法第4条の2の例に従う」）。条約による国内刑法の処罰拡張の要請である。

このような,いわば条約に義務づけられた世界主義による国外犯処罰とは異なるのが,海賊対処法の海賊罪の国外犯処罰である。同法には,国外犯処罰規定はないが,条文の文言(同法2条「公海……において」)から,当然に国外犯を処罰するものと考えられる。これは,国連海洋法条約が,105条で海賊行為の裁判権設定を各国に「許容」していることを受けるものである。それゆえ,この世界主義に基づくわが国の刑罰権行使については,わが国とは何ら連結点もないような事案に対してまで行使することが許されるのか,何らかの連結点が必要であるならば,その基準についてはどのように考えるのか,といったことを整理,検討しておく必要がある。

　世界主義の積極的な行使は,「処罰の間隙」を埋める面を有する反面,他の複数国との間で刑法の適用が重なること(積極的競合)による国家間の対立を生じさせるものでもある。また,域外国での裁判の問題点として,行為地の社会と遮断されており,一般的抑止機能や社会に対する教育的効果,さらには修復的機能をもちうるか疑問であること,政治的に利用されやすいことが指摘されている。世界主義の行使にかかる問題は,大規模な人権侵害に対する国際的な関心が高まり,後述するICTY,ICTRの設立を受けて,世界主義の採用により管轄権を拡大する国が増加したことから検討課題となっている。

3　超国家的な刑罰権の行使

　国際社会全体が関心を有する重大な犯罪に対しては,内戦などのために国内刑事裁判所が十分に機能しない場合,国際刑事法廷を設けて,超国家的な刑罰権を行使する,という対処が要請される。

特別法廷 1990年代には，国連の安全保障理事会の決議に基づいて2つの裁判所が設立された。1991年以降，旧ユーゴスラビアの国内で犯された国際人道法の重大な違反の責任者の訴追のための旧ユーゴスラビア国際刑事法廷（ICTY）と，1994年にルワンダ国内で犯された集団殺害その他の国際人道法の重大な違反をした者等を裁くためのルワンダ国際刑事法廷（ICTR）である。ICTYとICTRの管轄権が関係国の国内裁判所と競合する場合においては，ICTYとICTRの管轄権が国内裁判所に優越する，とされた。

ICTYの対象犯罪は，1949年のジュネーブ条約の重大な違反，戦争の法規・慣例違反，ジェノサイド，人道に対する罪であり，ICTRの対象犯罪は，ジェノサイド，人道に対する罪，ジュネーブ条約共通3条および第二追加議定書の違反である。両裁判所の規程や判例によって，それぞれの罪に関する規則が明確化していった。

ICC ICTYとICTRの設立によって，国連総会が，ようやく普遍的な条約による恒久的な国際刑事裁判所（ICC）の設立のための条約交渉を始め，1998年，常設の国際刑事裁判所設立のためのローマ規程が採択され，2002年7月に発効した。ICCの対象犯罪は，コア・クライムである（ICC規程5条）が，侵略犯罪については，2010年にようやく合意に至った（同8条の2）。ICCは，ICTYやICTRとは異なり，国内裁判所を補完するものと位置づけられている（補完性の原則）。まず，国内裁判所が裁判を行うべきものとされ，国内裁判所がこれを行わない場合にICCが裁判を行うのである。これまで，ICCに付託された事態は，コンゴ民主共和国，ウガンダ，中央アフリカ共和国，スーダン・ダルフール，ケニヤ共和国，リビア，コートジボアールの事態である。

超国家的刑法と国内刑法　コア・クライムが国際裁判所で裁かれるようになったことから、国際裁判所が適用する総則規定が必要となった。また、公的資格による免責の有無や、上官命令の抗弁、上官責任など、コア・クライムの性質上、国内法に任せられない特別の総則規定が必要となる場合があり、国際法上、総則規定を設ける試みがなされてきた。ICTYやICTRの規程、判例を経て、ICC規程では、詳細な総則規定が設けられている。超国家的刑法である。

　超国家的刑法では、正犯と共犯を区別する理論に独自の発展が見受けられる。コア・クライムは、国家権力あるいは類似の権力組織を背景とした複数の行為者により行われるが、組織の中枢人物は、通常、犯罪の実行を自ら直接行うことはない。ICTYやICTRの規程では、正犯概念としての「実行」とは区別された関与類型として「計画」、「命令」、「教唆」、「幇助」が提示されていたが、判例では「実行」の下位範疇として、JCE（Joint Criminal Enterprise；共同犯罪企図）という概念が認められ、関与者が広く正犯として処罰されていた。つまり、このJCE概念では、組織の中枢人物の捕捉という本来の目的を超えて、それ以外のほとんどの加担者についても正犯責任を負わせることを可能にする。それゆえ、組織内部での関与者相互の関与の程度に十分に配慮した責任帰属がなされない、すなわち正犯と共犯の区別を崩す運用がなされてしまうことが問題視されていた。

　これに対して、ICC規程は、25条で正犯と共犯を明確に区別し、同3項(a)で、正犯について①単独正犯、②共同正犯、③間接正犯を規定している。

　ICCでは、正犯と共犯の区別基準は行為支配概念によると判断し、共同正犯は、本質的に重要な任務が分配されている各関与者

は，自己の任務を遂行しないことによって当該犯罪の実行を頓挫させることができるため，関与者のすべてが支配を共有している，として「行為支配」が認められている（ICC 2007年1月29日予審裁判部決定（Lubanga, ICC-01/04-01/06), para. 338, 342)。また，間接正犯は，当該犯罪の客観的要素を実行する者の意思を支配している者であり，国際刑法にとって重要な類型として「組織支配」の利用により犯罪結果を惹起する正犯が認められている（ICC 2008年9月30日予審裁判部決定（Katanga and Chui, ICC-01/04-01/07), para. 488, 498)。このようなICCの正犯概念に関する判断については，コア・クライムの背後にある組織内部における権力構造を把握し，各関与者の行為寄与に配慮した責任判断を可能にするもので，JCE概念に代わるものとなりうる，と注目されている。

そして，上述のICCの判断はドイツ刑法学，とりわけドイツの刑法学者であるクラウス・ロクシンの見解の影響を受けている。国内刑法の解釈論が取り入れられているのである。

また，締約国が，今後，国内裁判所でコア・クライムを審理する際，わが国のように特別に立法措置をとっていない場合にはとくに，ICCの超国家的刑法で展開された解釈論を国内刑法における解釈論にどのように位置づけるのかが問題となろう。

このように，超国家的刑法の展開は，決して国内刑法と無関係のものではなく，相互循環が見いだされることが考慮されなければならないであろう。

4 刑法のグローバル化

グローバル化社会における犯罪への対処は，1国家の刑罰権行使では限界があることから，国家を超えた対処が要請され，その結

果，各国家の刑法の「グローバル・スタンダード」化が目指される。

　国際組織犯罪やテロといった国境を越えて活動する犯罪集団への対処においては，わが国は，積極的な国内法の整備を行っている。しかし，国際条約による安易な立法化は，民主的コントロールの観点から問題を含むものであることが指摘されている。また，グローバル化した社会における国際刑事協力には普遍的な刑事法制の実現が必要とはいえ，国内刑法の多様性の尊重とのバランスをとることを忘れてはならない。

　これに対して，国際社会の共通利益という国家を超えた法益の保護が目指されるコア・クライムへの対処については，わが国は必要最小限の対応にとどめている。しかし，ICCの今後の発展に日本が取り組むべき課題はいくつも提示されており，刑法学においても，超国家的刑法への関心を高め，わが国で培われた知見を積極的に提示していくことが望まれる。

〔参考文献〕
「〈特集〉国際刑事法の現在」刑事法ジャーナル27号（2011年）2頁以下
フィリップ・オステン「国際刑法における「正犯」概念の形成と意義」川端博ほか編『理論刑法学の探求③』（成文堂，2010年）
森下忠『国際刑法学の課題』（成文堂，2007年）
ハンス・ペーター・マルチュケ／村上淳一編『グローバル化と法』（信山社，2006年）

【日山恵美】

第17章 現代社会と刑罰制度

■この章で考えること
　この章では，刑罰の歴史を踏まえながら，その適用における基本的な考え方を確認し，刑罰の現代的意義について考えてみよう。

1 刑罰とは何か

刑罰ということば　もともとわが国に，「刑罰」なる概念が自生していたかどうかは必ずしも明らかでない。古代中国における「罪」の概念は元来刑罰と密接な関係があったようで，諸説あるが，罪の旧字体は「罪人に入れ墨をして固く閉じ込める」とか，「罪人が鼻をしかめて辛苦する」，あるいは「罪人の鼻に針を通す」といった意味であった。「刑罰」という用語は同種の語を組み合わせた概念で，「刑」は刀で首を切ること，「罰」は罵ることを意味し，それぞれ重罪と軽罪に対応していた。今日，死「刑」といい，「罰」金というのは，この区別に由来するものである。一方，刑罰に対応する西洋語は，penalty（英），peine（仏），pena（伊，西），などであるが，これらはいずれもラテン語のpoenaに，さらにはギリシャ語の $\pi o\iota\nu\acute{\eta}$ に遡ることができる。古代ギリシャ人は $\pi o\iota\nu\acute{\eta}$ を殺人贖罪金の意味で用いていたが，これはゲルマン法にいうWergeld（犯罪贖罪金）に対応するものであった。なお，現代ドイツ語で用いられるStrafe（刑罰）は，中高地ドイツ語において，「非難」や「懲罰」を意味しており，こちらはむしろ身体刑

のニュアンスを持つものであった。

刑罰の本質とは

刑罰の本質については，その背景にある思想として，被害者の視点から「復讐」が，加害者の視点から「贖罪」が，さらには刑罰権を有する国家の視点からは（平和的）「秩序の維持・回復」といった諸点が指摘しうるが，法的な議論として，古くから，応報刑論と教育刑論の対立がある。前者が，それを法律的応報であると捉えるのに対し，後者は，それを犯人の教育・改善にあると考えるのである。ここでは，広く刑法学でいう「刑罰」とは，犯罪行為に対する法的効果として国家から犯人に対して科される害悪であって，制裁としての法益剥奪をその内容とするものをいう，と理解しておこう。

そこで，以下では，刑罰のもつ害悪性と法益剥奪性の角度から考察を進めてみる。まず，害悪性については，刑罰がこれを受ける者にとって喜びや楽しみであれば，制裁としての機能を果たしえないことは自明である。ここに刑罰における本質の一端を垣間見ることができる。しかし，もし逆に刑罰が単なる苦痛の賦課に尽きるものであれば，それは因果応報という点から犯罪者に対する「報復」となるとはいえても，将来の犯罪を防ぐという意味では，犯罪者に遵法的な社会生活を送ってもらうことが必要だとすれば，あまり意味がないばかりか，人道上も問題を残すものとなる。かつてわが国で，明治20（1887）年から大阪監獄と兵庫監獄を嚆矢に行われていた「罪石」制度は，非生産的な苦役であって達成感を感じられるものではなく，「空役」と呼ばれていたが，これは，囚人がそれぞれの体力に応じて重さ3貫から12貫までの石を背負って丸輪型に縄を張った周りをぐるぐる廻り歩くという内容のものであった。

現代社会における刑罰は，かつて存在したような苦役の賦課に尽きるものではなく，人道化され，また，その先の社会復帰を視野に

入れた制度と理解されている。これは，社会に戻った犯罪者にとってはもちろん，それを受け入れる社会にとっても，懲罰的な内容の刑罰だけでは，再犯を防ぎ，将来の被害者を生まないためにも有益ではないと考えられているからである。

刑罰の種類と動向　（1）**生命刑**　剥奪される法益に従った分類から刑罰の理念をみると，現代社会が上記のような理念を必ずしも徹底していないことがわかる。まず，生命という法益の剥奪を内容とする「生命刑」，すなわち死刑は，基本的に社会復帰の可能性をゼロとするまさに究極の刑罰であり，法的応報が純化したものである。1989年には，国連総会において，一般に死刑廃止条約と呼ばれている「死刑の廃止を目指す市民的及び政治的権利に関する国際規約・第二選択議定書」が採択されたが，現在，わが国をはじめ，合衆国の36州，中国，その他イスラム国家の多くが死刑を存置している。執行方法としては，斬首，絞首，電気殺，ガス殺，銃殺などがあり，近年では，合衆国の諸州を中心に薬物注射による執行が意識喪失までの時間が短いなどとして拡大している。わが国では，刑法11条1項が絞首による執行を規定しているが，最高裁は，この執行方法を含め死刑制度は残虐な刑罰には当たらないとしてその合憲性を認めている（最判1948〔昭23〕・3・12刑集2巻3号191頁等）。

死刑制度の存廃論については，世論調査等で死刑存置派が多数を占める状況にある。一方，学説では廃止論が多数を占めるが，その理由として，神ならぬ人間の行う裁判に誤判はつきものであり，誤って無実の者に死刑を科したとき取り返しがつかないことや，死刑は野蛮であり，生命軽視であって人道に反するという理由などが挙げられる。ちなみに，わが国では毎年何十万個もの「無実の」生命の萌芽が人工妊娠中絶によって葬り去られているが，この生命の尊

厳を冒す行為に対しては、廃止論者が特に言及することは少ないようである。存置論としては、積極的な、あるいは絶対的応報刑的な考え方も存在はするが、将来的には廃止に向かうことが理想であり、現在の段階では時期尚早であるとする「尚早論」が有力であるようにみえる。また、存置論の一種として、中国で採用されている「死緩」制度のような、死刑の執行猶予制度の採用を検討すべきとする考え方もある。これは、廃止か存置かの二者択一論の中間をとるものともいえるであろう。いずれにせよ、裁判員裁判の時代を迎え、国民・市民が、他人事ではなく、この問題に直接責任を持って関わる時代が到来したといえる。

（2） **身体刑**　つぎに、身体を損傷する刑罰、すなわち「身体刑」は、たとえば、指、手、足、耳、鼻などの切断が代表的なものであるが、入れ墨の刑や鞭打ちの刑などもしばしば用いられた。イスラム圏では、なおこの身体刑を採用している国家が多いが、野蛮であり、また社会復帰にはむしろ有害となるとして、先進国ではほとんど姿を消している。イギリス（イングランドとウェールズ）では、1948年に廃止されるまで、数は少ないものの、強盗罪について司法上の身体刑、すなわち鞭打ち（flogging）が行われていた。

（3） **名誉刑**　この点、名誉の剥奪を内容とする「名誉刑」も、その後の社会復帰の妨げになることを考慮するとマイナス要素が大きいが、大陸法諸国を中心に、先進国でも採用している国が多い。名誉刑の中でも、中世までは、公衆の面前で犯罪者に恥辱を加えてその社会的名誉を侵害する恥辱刑が中心であったが、現在も諸外国では、運転免許の停止・取消や判決の公示など、犯罪者の社会生活上の権利や身分を剥奪ないし制限する権利剥奪刑が主に用いられている。わが国の現行刑法における刑の種類は、死刑、懲役、禁錮、罰金、拘留、科料および没収であり（9条）、1880年の旧刑法と異

なり，名誉刑は採用されていない。行政処分上の戒告が譴責としての名誉刑的な性質を有しているが，これは刑法上の刑罰ではない。むしろわが国では，マスメディアによって氏名や写真等を晒されることが，事実上，また社会的に制裁として機能しているが，表現の自由に関わることとはいえ，それが恣意的かつ扇情的に，または法令に反して行われる場合は，罪刑法定主義の歯止めもなく，国家が行う場合よりも問題性が大きい。現代社会では，こうしたいわば「第4の権力」を形成するマスメディアの果たす役割を考えながら刑罰の意味を捉えていく必要がある。

（4） **自由刑**　法益剥奪のうち，身体の自由を奪うものが「自由刑」である。わが国では，懲役，禁錮，拘留がこれに当たり，懲役刑にのみ，「所定の作業」，すなわち刑務作業が義務づけられている（刑12条2項）。刑事施設内で行われる自由刑の受刑者等に対する処遇を規律する法律として，2005年（平17年）「刑事収容施設及び被収容者等の処遇に関する法律」（以下「新法」という）が成立し，1908年（明41年）施行の「監獄法」はその役割を終えた。歴史的には，懲役刑はまさに「懲らしめの役」たる意味を持っており，一方で，禁錮刑は政治犯や確信犯などへの「名誉拘禁」的意味をもっていたが，新法93条は監獄法同様，禁錮および拘留受刑者に対する「申出による作業」を認め，実際にはほとんどの受刑者が作業を行っている。作業を懲罰的意味で行わせるのは，労働蔑視的かつ時代錯誤的であるともいえ，また，刑務作業は，様々な技術習得や免許・資格取得につながり，社会へ出た際に就業を含む生活再建にとって重要な意味をもつ。家具や工芸品などを作る一定の作業が，作業療法的な効果をもち，受刑者の精神の安定に寄与することも見逃せない。釈放の際に，作業から得られた低額の「報奨金」が支給されるが，現行刑法上は「懲役」の中身に作業の強制が含まれている

ため，作業の対価としての「賃金」を支給するのは困難な状況がある。一方，今日のグローバル化した経済状況を反映して，国内的にも国際的にも，所内における刑務作業を外部から確保することが次第に困難になりつつある。

　刑務作業を中心に行われてきたわが国の自由刑に対しては，とりわけ性犯罪者の釈放後の再犯といった問題が社会的に大きく取り上げられるに及んで，犯罪者を改善もせずただ閉じ込めておいて期間が過ぎたら釈放するのみであるとの批判があった。そこで新法では，矯正処遇（84条）という概念に法律上の根拠が与えられ，その内容として，作業の他に，改善指導（103条），教科指導（104条）が認められることとなった。これにより，受刑者の改善更生や社会復帰という理念が，わが国の行刑法（刑罰執行法）上も承認され，認知行動療法（Cognitive-Behavioral Therapy）の活用など，これに向けた処遇が法的にも可能となった。

（5）**財産刑**　刑罰制度上最も古く，かつ多用されてきたのが，財産という法益剥奪を内容とする「財産刑」である。わが国刑法上は，罰金，科料，没収がこれに当たる。それ自体独立に科すことのできる刑罰を主刑というが，刑法9条に規定される刑のうち主刑に付加してのみ科すことのできる付加刑は没収だけである。また，財産刑のうち，没収を除いた金銭刑については，次のような問題点が指摘されている。

　まず第1に，刑罰機能の不確定性である。富める者にとっての金銭刑は，その額によっては痛くも痒くもなく，応報的機能も教育的機能も，さらには犯罪抑止機能ももたない場合がある。こうした者にとって，金銭剥奪は犯罪を行うための「料金」支払に似たものとなり，料金さえ支払えば犯罪遂行が可能と認識されかねない。たとえば，企業活動の例において，法令遵守のための経費が，科せられ

る罰金より多額であれば、社会的信用等を度外視すれば、費用対効果から罰金の方が得であるとの結論が導かれる場合もある。一方、支払能力のない犯罪者は、罰金の宣告があっても「無い袖は振れぬ」として失うものは何もないという感覚を持ちかねない。換刑処分として労役場に留置されることがある（刑18条）ことを覚悟すればよいのである。こうした刑罰機能の不確定的要素は、刑罰における感銘力の低下という結果をもたらす。第2に、金銭刑は、刑罰平等性の原則に反する可能性がある。同一の金額が、金持ちにはなんら苦痛でないのに、貧乏人にとっては大きな苦痛となる。生命刑や自由刑が、犯罪者がたとえ大金持ちであっても、貧しき者と平等に執行されるのと異なる。また、上述の換刑処分の場合、「金持ちが財布から払うものを貧乏人は体で払う」ことにもなる。こうした金銭刑の不平等性を是正するために、諸外国には、被告人の支払い能力等の経済的事情を考慮した「日数罰金制度」があり、これは平等な日数を単位として罰金刑を言い渡し、1日当たりの額は被告人の経済状態に従って決定するものだが、わが国ではまだ採用されていない。

　以上のような問題点を指摘されつつも、財産刑は、没収を含め現代社会において大きな可能性を持っている。1つ目は、財産刑が犯罪者の、金銭等の所有権に対して科されるものであることから、本人は通常の生活を営むことが可能であり、犯罪者の社会内処遇の推進にとって有意義であり、また犯罪者というスティグマ（烙印づけ）が薄く、社会復帰も容易に行われ易い。2つ目として、身体を持たない法人に対しても活用可能であり、企業犯罪への対応が大きな課題である今日、重要な意義を有する。3つ目として、組織犯罪などに対してはとくにそうであるが、犯罪収益の没収は、「犯罪は割に合わない」という判断から犯罪者に対する犯罪抑止効をもたらし、

また次の犯罪遂行をもたらすための資金源を断つことにつながる。犯罪遂行によって利得が得られ，自由刑からの釈放後にマネー・ロンダリング（資金洗浄）などで結果的に多くの財産が活用できるようであれば，別荘に行ったつもりで服役をしようと思う犯罪者がいても不思議ではない。なお，主に英米法系の国々において，「損害賠償命令」が独立の刑罰として採用されている場合がある。伝統的な財産刑が国庫に対するものであるのに対して，これは通常，犯罪被害者に対する損害填補である点が異なっている。

2 刑罰の適用

観念的刑罰権と現実的刑罰権 刑罰は，原則として犯罪の成立によってこれを適用する権限が発生する。この観念的刑罰権は，裁判の確定によって執行力が生じてはじめて現実的刑罰権となり，通常は犯罪成立，すなわち構成要件に該当する違法かつ有責な行為によって発生するが，客観的処罰条件（事前収賄罪において公務員または仲裁人となったこと〔刑197条2項〕など）や一身的処罰阻却事由（親族相盗〔刑244条1項前段〕における直系血等の一定の身分など）の不存在が例外的に必要とされることがある。観念的刑罰権は，裁判確定前における犯人の死亡，恩赦，公訴の時効によって，現実的刑罰権は裁判確定後における犯人の死亡，恩赦，刑の時効によって，それぞれ消滅する。前者は，手続上の公訴権を欠くことを意味する。

刑の量定 観念的刑罰権が現実的刑罰権に至るには，一般に4つの刑期を経由する。各法条で構成要件に対応するものとして規定された刑を法定刑といい，これに法律上または裁判上の加重・減軽事由を施して修正したものを処断刑とい

う。この処断刑の範囲内で具体的に宣告される刑を宣告刑といい，この宣告刑から未決勾留日数および刑の執行の減軽（刑5条ただし書等）を受けた日数を控除して現実に執行すべき刑を執行刑という。裁判官ないし裁判員が宣告刑を導き出す作業を刑の量定（量刑）というが，この量刑基準についてはとくに刑法等に規定はないものの，検察官の起訴裁量権を定めた刑事訴訟法248条が，①犯人の性格，年齢および境遇，②犯罪の軽重および情状，ならびに③犯罪後の情況を列挙しており，これが重要な指針となっている。裁判員制度を導入した今日においても，「量刑法」が制定され，法律的指針が示されているわけではなく，もっぱら裁判所内の量刑データベースをもとに，事実上過去の判例に基いた先例拘束的な，あるいは先例の流れと連続的な量刑がなされているようである。司法の公平性や統一性という点では肯定的に評価されるが，先例にあまり拘束されすぎると，国民の健全な量刑感覚を反映するためにも導入された裁判員制度の趣旨にもとる可能性がある。量刑判断にはこれが正解というものがなく，過去の判例が妥当であったのか否かは，実は誰にもわからない。また，依拠するデータベースが，量刑資料として証拠採用されておらず，その真正について反対尋問の機会にもさらされていない場合は，自由な証明で足りるとしても，それを被告人の不利益に使用することには手続的適正の点で疑問が残る。

　なお，法定刑から宣告刑を導き出すうえで，法定刑の上限と下限をどう捉えるかについて，「量刑枠論」と「量刑スケール論」の2つの見解がある。前者は，法定刑の機能は上限と下限で裁判所の量刑の幅を枠づけているにすぎないと考え，したがってその範囲内で裁判所は個別事例に応じて比較的自由に量刑を判断できるとする。その場合，実務慣行である「量刑相場」という一般的傾向が前述の量刑データベースなどによって参考とされるであろう。それに対し

後者の量刑スケール論は、立法者の意図が、法定刑の上限に向かうのに従って処罰の目盛りが上っているのであり、犯罪が重くなればそれに応じて法定刑の上方において刑が量定されなければならないとする。立法による司法判断へのコントロールを強化しようとすれば、後者に従った理解も重要ではあるが、刑の宣告は、遂行された当該犯罪の軽重だけではなく、様々な刑事政策的考慮を盛り込む必要もあり、また、一定の枠組みの中で個別事情に応じた柔軟な判断が必要とされることもあって、わが国では、後者ほど量刑判断をリジッドに考えない前者の量刑枠論に従った実務が行われている。

刑の執行

裁判の執行は、その裁判をした裁判所に対応する検察庁の検察官が指揮し（刑訴472条1項）、原則として裁判確定後になされる（471条）。刑の言渡しの裁判が確定すると、現実的刑罰権が発生し、執行力が生じる。この執行力は、確定力から生じる裁判の内部的な効力であるが、外部的な効力としては、同じ事件の蒸し返しを禁じる一事不再理効が重要である（刑訴337条1号参照）。また、確定に伴う付随的効力として、すでに受けていた執行猶予や仮釈放が取消されることがあったり（刑26, 29条）、懲役刑の場合には再犯認定の前提とされたりする（刑56条）。このいわゆる「前科」は、法律用語ではないが、捜査、裁判、執行など、刑事司法上の各過程で、その必要性に応じて考慮されることがある。さらに、執行猶予期間の経過（刑27条）や刑の消滅（刑34条の2）などにより刑の言渡しがその効力を失った場合でも、その言渡しを受けたという既往の事実そのものを量刑の資料に参酌しても違法ではないとされている（最決1958〔昭33〕・5・1刑集12巻7号1293頁、最判1954〔昭29〕・3・11刑集8巻3号270頁等）。その他、各種刑罰の執行に関しては、刑事訴訟法第7編（471条以下）に詳細が規定されている。

有罪判決は常に執行をもたらすとはかぎらず、裁判所が刑の言渡しをする場合に、一定の条件のもとに、一定期間、その刑の執行を猶予する制度を執行猶予という（刑25条）。再度の執行猶予はその期間内に保護観察に付せられ、更に罪を犯した場合には認められない（刑25条2項ただし書）ため、職業裁判官は、初回の執行猶予では保護観察に付することを躊躇しがちであったが、裁判員裁判では、初回から保護観察を積極的に付ける傾向があるといわれる。なお、初犯や薬物事犯で3年以下の自由刑を受けた者を対象に、裁判官の裁量で刑の一部の執行を猶予し、服役期間を短縮する「一部執行猶予制度」は、裁判所による、刑の執行段階への事前の関与を可能とする。また、執行に入り、刑期満了前に条件付きで釈放することを仮釈放という。刑法28条に規定されている。仮釈放中は保護観察に付される（更生保護法40条）が、これは刑期の残期間、すなわち残刑期間と一致するため、刑期満了後の再犯防止や社会復帰へ向けての手当てが十分でないことが指摘されている。近年は、社会の厳罰化を反映してか、執行率が高まり、残刑期間が短くなる傾向にあるため、この問題は、いっそう顕在化している。執行猶予の論理と同様に、再犯の危険性から仮釈放期間を独自に設定する考試期間を定める「考試期間主義」を採用することも検討課題のひとつであろう。

なお、こうした刑事司法上の制度とは別に、各市区町村役場は、地方自治法における自治事務として、選挙人名簿調整などのために犯罪者登録名簿を作成しているが、刑の言渡しに伴う様々な欠格事由や資格制限が生じうることが、社会的には重要である。これは、医師法、国家公務員法、地方公務員法、弁護士法、学校教育法など様々な法令が欠格条項等を定めていることによるが、当人の社会復帰にとっては大きな障害となりうる。もちろん、職業上の適格性等には配慮しなければならないであろうが、生活再建への途を閉ざす

ことのないよう，立法上ないし司法上の手当てを考えることも，今後の課題である。

3 現代の刑罰思潮

　啓蒙時代には，人道主義と科学主義に基づいて専制政治を支えていた古い刑事法制度を改革する動きが高まり，19世紀から20世紀初葉にかけて登場した客観主義の立場は，犯罪と刑罰の均衡を重視し，罪刑法定主義（法律なければ犯罪なし，法律なければ刑罰なし）と応報刑論を採用した。この古典学派の立場は，19世紀の後半において，資本主義の発達に伴って生じた工場生産の拡大と失業者の増大に呼応した，犯罪特に累犯の著しい増加を前に，その無力さを露呈した。ここから，犯罪原因の科学的究明とそれに応じた対策を講ずる近代学派が登場したが，意思自由を否定し，決定論的立場を徹底すると，行為者に責任非難を向けられないことになり，責任主義（責任なければ刑罰なし）からは，刑罰を廃止して社会防衛処分に一元化しようとする極端な立場も主張された。M. アンセルの新社会防衛論は，こうした極端な立場を回避し，刑と処分の二元的立場を承認しつつ，人道的刑事政策の推進を図るものでもあった。

　近代学派の関心は，犯罪の予防と犯罪者の処遇に向けられていたが，その後，北米を中心に20世紀後半から生じた社会復帰思想の衰退に応じて，現在の刑罰思潮を特徴づける，社会統制学派が台頭する。この学派は，刑法を社会統制のための道具と考えるが，グローバル化に伴う経済活動規制の国際的調和（ハーモナイゼーション）の必要性や社会のインフォーマルな統制力の低下という現象に呼応して，現代的な展開をみせている。そこでは，多様な刑罰を，いわば手軽に，早めに使って法益侵害の発生を防ぎ，経済活動などを円滑

に行わせようという傾向がみてとれる。こうした刑罰の積極的活用そのものは，必ずしも「重い」刑罰を要請するものではないが，社会の耳目を集める凶悪犯罪などが起こった場合など，それがマスメディアを介在として国民の大衆迎合的な厳罰化要求と結び付くとき，とめどもなく幅広く活用されかつ「重量化された」刑事制裁となる可能性も秘めている。その意味で，刑事ポピュリズム（ポピュリズム刑事政策）に対する，専門家の側からの警鐘は，やはり必要であろう。また，近年著しく増加傾向にある高齢犯罪者の処遇は，その原因が福祉的な社会資源の不足であっても，犯罪者というレッテルを張られることで，福祉施設ではなく刑事施設がこれを行うことになるが，このことは経済活動のような政策目標実現のための規制強化とは別の側面における刑法や刑罰制度の積極的活用化・道具化の傾向を示している。社会福祉国家の後退と社会福祉制度の縮小に伴って，一定の階層に対するむしろケアとして，刑事制裁が積極活用される場合があるといえるであろう。これまで教科書に必ず取り上げられてきた，刑法の補充性や刑罰の最終手段性という原則は，現代社会において，ある程度の変容を迫られているのかもしれない。

4 刑罰制度の課題と展望

　刑罰は，生命刑や身体刑が中心であった時代から，施設内処遇である自由刑が主流になり，現在では社会内処遇がその理念型となっている。社会復帰を前提に考えると，施設収容に伴う負の側面（社会性の不足や他律的空間であること，刑務所帰りというレッテルなど）はやはり大きく，自律的な生活再建への準備としては社会内処遇が優れている。その意味で保護観察の充実強化は重要である。諸外国で

は，社会内処遇の形態として，ブレスレット等に付けた発信器で社会内の行動監視を行う，「電子監視」制度が存在するが，これはまさに「監視」に純化した形態であり，そこに対人的な信頼関係はなく，むしろそれを基本とする保護観察とは大きく異なる制度である。また，社会内で一定の作業奉仕を行う，「社会奉仕命令」は，実質的に，社会内で執行される刑罰であり，「社会内処罰」の一種であるが，保護観察の一内容と考える余地もある。

　いずれにせよ，多様な形態の犯罪現象が存在する現代社会においては，それに対応する制裁のメニューもまた多様化していく必要があり，刑罰自体の多様化に加え，刑罰以外の行政制裁等の多様化が重要な役割を果たす。刑罰の守備範囲を画定したうえで，他の制裁との連携・協働を図っていくべきであろう。

　かつて古代ローマ法に存在した加害者委付（noxae deditio）の制度は，当時において，いわば復讐の限定を図る機能を持っていた。現代的文脈の中でも，被害者の支援を視野に収めつつ応報の制限を行う方策は模索されるべきであろう。その意味で，司法制度において，被害者や社会との修復を科刑回避のために補完的に考慮し，社会感情の収束を図ること（修復的司法）は，犯罪者の社会復帰にとっても重要な意味を持つものと思われる。「リサイクルから廃棄物処理へ」とまで言われることのある欧米における悲観的状況に比べ，わが国ではまだ社会復帰思想は死んではいないのである。

〔参考文献〕
佐伯仁志『制裁論』（有斐閣，2009年）
浜井浩一編『グローバル化する厳罰化とポピュリズム』（現代人文社，2009年）
吉中信人「高齢社会に求められる刑事政策」ジュリスト1389号（2009年）（No. 1389）

【吉中信人】

エピローグ

　本書を読んで，どのような手ごたえを感じられたであろうか。本書において取り上げられたテーマの中で，どれかひとつでも関心をもっていただいたなら，本書刊行の意義はあったといえよう。

　本書は，これで刑法学習の完結を意味するものではなく，むしろ出発点にしていただきたい。これを契機として，今後，本格的に刑法総論や刑法各論の勉強に挑戦する人もいるであろう。その場合でも，再び本書に立ち返ることがあるかもしれない。本書は，そのときに，さらに何らかのヒントを与えるものと確信している。

　プロローグでも述べたとおり，本書で取り上げた諸問題は，21世紀の社会構造の変化，科学技術の著しい進歩および経済活動の拡大とボーダレス化，さらには地球規模でのグローバル化の中で登場してきた新たな犯罪現象も多く，明快な解答を見いだせない問題も多い。そうであるがゆえに，今後も，一市民として，いかなる視点からどのような解決を目指すべきか，を考え続けていただきたい。犯罪と刑罰は，その国の社会や文化を反映するものだからである。

判例索引

大審院

大判1924〔大13〕・10・22刑集3巻749頁 ………………………………………… 85
大判1931〔昭6〕・12・3刑集10巻682頁 ………………………………………… 70

最高裁判所

最判1948〔昭23〕・3・12刑集2巻3号191頁 ………………………………… 216
最判1949〔昭24〕・5・10刑集3巻6号711頁 ………………………………… 84
最判1951〔昭26〕・5・10刑集5巻6号1026頁 ……………………………… 91
最判1953〔昭28〕・6・24刑集7巻6号1366頁 ……………………………… 83
最判1953〔昭28〕・10・27刑集7巻10号1971頁 …………………………… 191
最判1954〔昭29〕・3・11刑集8巻3号270頁 ……………………………… 223
最判1958〔昭33〕・4・18刑集12巻6号1090頁 …………………………… 150
最決1958〔昭33〕・5・1刑集12巻7号1293頁 …………………………… 223
最決1959〔昭34〕・7・24刑集13巻8号1163頁 …………………………… 160
最判1966〔昭41〕・12・20刑集20巻10号1212頁 ………………………… 153
最判1967〔昭42〕・10・13刑集21巻8号1097頁 ………………………… 154
最判1973〔昭48〕・5・22刑集27巻5号1077頁 ………………………… 154
最判1975〔昭50〕・4・24判タ321号66頁 ………………………………… 195
最決1982〔昭57〕・12・16集刑229号653頁 ……………………………… 153
最決1983〔昭58〕・9・13判時1100号156頁 ……………………………… 71
最判1984〔昭59〕・2・24刑集38巻4号1287頁〔石油価格カルテル事件〕 …… 126
最決1984〔昭59〕・7・3刑集38巻8号2783頁 ………………………… 71, 72
最決1989〔平元〕・3・14刑集43巻3号262頁 …………………………… 152
最決1992〔平4〕・2・18刑集46巻2号1頁〔客殺し商法事件〕 ………… 145
最判1995〔平7〕・2・22刑集49巻2号1頁〔ロッキード事件〕 ………… 191
最判1996〔平8〕・4・26民集50巻5号1267頁 …………………………… 141
最決1997〔平9〕・10・28判時1617号145頁〔三越事件〕 ……………… 131
最判1999〔平11〕・2・16刑集53巻2号1頁〔日本商事事件〕 ………… 129
最判1999〔平11〕・6・10刑集53巻5号415頁〔日本織物加工事件〕 …… 129
最判2002〔平14〕・9・24判時1803号28頁 ……………………………… 54
最判2003〔平15〕・1・24判時1806号157頁 …………………………… 154
最決2003〔平15〕・3・12刑集57巻3号322頁 ………………………… 141
最判2004〔平16〕・9・10刑集58巻6号524頁〔北國銀行事件〕 ……… 132

231

最決2006〔平18〕・3・14刑集60巻3号363頁 ……………………………………… 159
最判2006〔平18〕・9・4民集60巻7号2563頁 ……………………………………… 32
最決2007〔平19〕・3・23民集61巻2号619頁 ……………………………………… 32
最決2007〔平19〕・3・26刑集61巻2号149頁〔横浜市立大患者取違え事件〕……… 23
最決2007〔平19〕・7・17刑集61巻5号521頁 ……………………………………… 140
最決2008〔平20〕・3・3刑集62巻4号567頁〔薬害エイズ事件厚生省ルート〕… 196
最判2008〔平20〕・4・25刑集62巻5号1559頁 ……………………………………… 71
最決2008〔平20〕・10・10民集62巻9号2361頁 …………………………………… 142
最決2008〔平20〕・10・16刑集62巻9号2797頁 …………………………………… 159
最決2009〔平21〕・12・7判時2066号159頁 ………………………………………… 50
最決2010〔平22〕・5・31刑集64巻4号447頁〔明石歩道橋事故事件〕…………… 199
最決2010〔平22〕・9・7刑集64巻6号865頁〔北海道開発庁長官収賄事件〕…… 193
最決2010〔平22〕・10・26刑集64巻7号1019頁〔日航機ニアミス事件〕………… 158
最決2011〔平23〕・10・31裁時1543号1頁 …………………………………………… 156

高等裁判所

名古屋高判1962〔昭37〕・12・22高刑集15巻9号674頁 …………………………… 45
大阪高判1967〔昭42〕・10・7高刑集20巻5号628頁 ……………………………… 154
東京高判1971〔昭46〕・3・4高刑集24巻1号168頁 ……………………………… 160
札幌高判1976〔昭51〕・3・18高刑集29巻1号78頁 ……………………………… 151
札幌高判1976〔昭51〕・3・18高刑集29巻1号78頁〔北海道大学電気メス事件〕… 25
広島高判1978〔昭53〕・11・20判時922号111頁 ……………………………………… 85
大阪高判1984〔昭59〕・3・27判時1116号140頁 …………………………………… 79
札幌高判2000〔平12〕・3・16判時1711号70頁 ……………………………………… 104
大阪高判2002〔平14〕・8・21判時1804号146頁〔薬害エイズ（ミドリ十字ルート）
　事件〕………………………………………………………………………………… 123
東京高判2005〔平17〕・1・27判時1953号132頁 …………………………………… 40
東京高判2007〔平19〕・2・28判タ1237号153頁〔川崎協同病院事件〕…………… 49
東京高判2007〔平19〕・9・26判タ1268号345頁 …………………………………… 87

地方裁判所

東京地判1965〔昭40〕・9・30下刑集7巻9号1828頁 ……………………………… 160
徳島地判1973〔昭48〕・11・28刑月5巻11号1473頁〔森永ドライミルク事件〕… 123
東京地判1979〔昭54〕・9・18判時945号65頁 ……………………………………… 39
東京地判1983〔昭58〕・7・22判時1100号89頁 ……………………………………… 39
新潟地判1984〔昭59〕・5・17判時1123号3頁〔大光相互銀行事件〕……………… 131

東京地判1992〔平4〕・7・8判時1468号116頁・・・・・・・・・・・・・・・・・・・・・・・・・・・・39
前橋地判1992〔平4〕・12・15判時1474号134頁・・・・・・・・・・・・・・・・・・・・・・39
横浜地判1995〔平7〕・3・28判時1530号28頁〔東海大学安楽死事件〕・・・・・・・・・・・45
京都地判1997〔平9〕・1・24判時1628号71頁・・・・・・・・・・・・・・・・・・・・・・・・・・・・40
東京地判2002〔平14〕・3・27判時1791号152頁・・・・・・・・・・・・・・・・・・・・・・・・・85
千葉地判2004〔平16〕・5・7判タ1159号118頁・・・・・・・・・・・・・・・・・・・・・・・・・157
横浜地判2005〔平17〕・3・25判タ1185号114頁〔川崎協同病院事件〕・・・・・・・・・49
東京地判2008〔平20〕・5・27判時2023号158頁・・・・・・・・・・・・・・・・・・・・・・・・79
東京地判2011〔平23〕・7・20公刊物未登載・・・・・・・・・・・・・・・・・・・・・・・・・・・・・184
神戸地判2012〔平24〕・1・11判例集未登載・・・・・・・・・・・・・・・・・・・・・・・・・・・・158

事項索引

あ 行

iPS 細胞（誘導多能性幹細胞）……57, 66
安 心……………………………………5
安 全……………………………………5
安全運転義務違反の罪…………157, 158
安楽死………………………………12, 44
医学的適応性……………………………43, 53
意思自由（自由意思）……69, 71, 79-81, 225
医術的正当性……………………………43, 53
移植医療……………………………58, 61
一事不再理………………………………7
　　——効…………………………………223
一身的処罰阻却事由……………………221
医的侵襲…………………………18, 19, 55
　　——行為…………………………17-19
遺伝カウンセリング……………………40
遺伝学研究……………………………58, 59
遺伝子解析研究…………………………60
遺伝子診断………………………………40
遺伝情報…………………………………59
違法性………………………………11, 13, 15
　　——の意識…………………………15
　　——を阻却する事由………………12
医療過誤……………………………22, 25
医療観察法……………………………74, 76
医療事故…………………15, 17, 22, 25, 26
医療問題…………………………………10
威力業務妨害罪…………………………181
因果関係…………………………………10
インサイダー取引……………………128-130
インターネット………175-177, 179, 182, 185, 186
　　——犯罪……………………………4
インフォームド・コンセント……12, 19, 20, 40
疑わしきは被告人の利益に……………188
延命治療…………………………………13
応召義務……………………………20, 28, 43
応報刑論……………………………215, 225
オーダーメイド（テーラーメイド）医療……………………………………59

か 行

海上交通事故……………………………158
海 賊………………………203, 204, 206, 207
　　——罪………………………………206
　　——対処法……………………206, 209
解離性同一性障害……………………78, 79
加害者委付………………………………227
加害者の人権……………………………16
確定的故意………………………………14
過 失……………………………15, 123, 150
　　——犯………………………………150
過剰避難…………………………………12
過剰防衛…………………………………12
課徴金………………125-127, 129, 130, 163, 173
　　——納付命令………………………125
可知論……………………………………71
家庭裁判所………………………………109
家庭内暴力……………………95, 96, 99, 107
可罰的違法性……………………………13
仮釈放………………………………223, 224
カルテル…………………………………126
過労運転等の罪…………………………157
環境犯罪…………………………………167

環境法……………………162, 165, 167, 171
環境問題……………………………4, 161
環境リスク………………………164, 172
環境リスク管理…………168, 169, 173
環境リスク管理法……………165, 166
ガン告知………………………………54
監獄法…………………………………218
患者の自己決定（権）……12, 19, 20, 44, 46, 48, 49, 51, 52, 55
患者本人の同意………………………19
官製談合防止法……………………127
間接正犯……………………………211
間接的安楽死…………………………44, 47
間接罰…………………………………167
――方式……………………………163
企業活動……………………………121
企業犯罪……………………………4, 10, 220
危惧感説……………………………151
偽計業務妨害罪……………………181
危険運転致死傷罪……148, 155, 156, 159
危険性…………………………………5
期限モデル……………………………36
旗国主義……………………………207
起訴前鑑定……………………………73
期待可能性……………………98, 116, 117
――の理論……………………………15
規範の責任論………………………116, 117
器物損壊罪……………………………9
客観的処罰条件……………………221
客殺し商法…………………………146
客体の錯誤……………………………14
客観的帰属論…………………………11
客観的相当因果関係説………………11
旧過失論……………………………151
教育刑論……………………………215
恐喝罪………………………………180

教　唆………………………………211
――犯…………………………………15
行政強制制度………………………166
行政刑罰法規の氾濫………………167
矯正処遇……………………………219
行政罰………………………………163
行政法補強機能…………166, 168, 169
強制わいせつ罪……82-86, 88, 89, 91, 96
京大エタノール事件…………………22
共同正犯……………………………15, 211
脅迫罪………………………………181
共　犯…………………………………15
――論………………………………104
業　務………………………………149
業務上横領罪………………………185
業務上過失致死罪……………152, 198
業務上過失致死傷罪……23, 149, 155, 158, 164, 189, 196
業務上過失致傷罪……………………24
緊急避難………………………………12
禁錮（刑）…………………………218
金商法…………………………128, 130
近代学派……………………………225
近代刑法………………………………5
――の基本原理………………………5
金融商品取引法……………………128
金融犯罪………………………………4
具体的予見可能性説………………151
苦痛緩和………………………………45
クラッキング………………………183
グローバル化社会………201, 208, 212
クローン技術規制法………………64, 65
クローン羊「ドリー」………………57
刑事収容施設及び被収容者等の処遇
　に関する法律……………………218
刑事政策………………………………5

事項索引　　235

刑事ポピュリズム	226
刑事立法	5
刑の量定（量刑）	222
刑罰	214
——の「感銘力」	168
刑法解釈論	5
刑法のグローバル化	212
刑法の謙抑性・最終手段性	27, 28
刑法の場所的適用範囲	207
刑務作業	218
結果回避義務	153
——違反	151
欠陥製品の販売	15
原因において自由な行為の法理	77
原基細胞	66
検察官の起訴裁量権	222
原子力基本法	168
現代テクノロジー社会	5
限定責任能力	77
厳罰化	167
謙抑主義	171
コア・クライム	203, 206, 210, 212
故　意	14, 15
行為主義	6, , 69
公益通報者保護制度	124
公害罪法	164
公害法	162, 165
公害問題	162
強姦罪	82-89, 91, 96
航空事故	158
公正取引委員会	125
構成要件	14
——該当性	9
交通事故	148, 153, 156
公務の不可買収性	190
高齢化社会	95

高齢者医療	52-54
高齢社会	16
高齢者虐待	96, 106
高齢者虐待防止法	96, 106
高齢犯罪者	226
国外犯処罰規定	209
国際刑事協力	205, 207
国際刑事裁判所（ICC）	210, 212
国際刑事裁判所に関するローマ規程（ICC 規程）	204-206, 211
国際裁判所	211
個人情報の保護	186
個人情報の保護に関する法律（個人情報保護法）	60, 179, 181
個人情報保護法違反	182
個人情報漏洩	176
国境を越える犯罪	4, 201, 202
古典学派	225
子どもの権利条約	115
子の福祉	31, 33, 34
誤振込み	141, 142
コンピュータ	183
——ウイルス	177, 184
——犯罪	176
コンプライアンス・プログラム（CP）	132, 133

さ　行

罪刑法定主義	6-9, 69, 133, 188, 189, 196, 225
財産刑	219, 220
再生医学	58
——研究	63
罪　石	215
サイバー攻撃	182, 183, 185
サイバーテロ	183, 184

サイバー犯罪	4, 177, 178, 182, 186
——条約	179
裁判員裁判制度（裁判員裁判・裁判員制度）	73, 74, 224
詐欺罪	136, 137, 139-142, 144, 146, 180, 181
作　為	10
——義務	10, 15, 105, 197, 198, 200
——犯	10
錯　誤	15
酒酔い運転罪	155, 156
殺人罪	10
三省指針	60
三罰規定	126
死因究明	28
ジェノサイド	203, 204, 206
ジェンダー	93
死　刑	216
——制度の存廃論	216
——廃止条約	216
慈恵大青戸病院事件	22
自己決定権	13, 20, 45
死後生殖	30-32
事故報告義務違反罪	159
自殺教唆・幇助	12
事実の錯誤	14
死体解剖保存法	59
実行行為	9, 10
執行猶予	223, 224
実体的デュープロセスの理論	7
自転車事故	156
児童買春，児童ポルノに係る行為等の処罰及び児童の保護等に関する法律	103
児童虐待	10, 102, 103, 106
児童虐待の防止等に関する法律（児童虐待防止法）	96, 103
自動車運転過失致死傷罪	148, 149, 156, 159
自動車事故	15, 148, 149
支払用カード電磁的記録不正作出等罪	180, 206
社会統制学派	225
社会内処遇	226, 227
社会復帰	14
——思想	225, 227
社会奉仕命令	227
JAS法	143
自由・人権保障機能	16
自由刑	218
集団強姦罪	88
終末期医療	12, 43, 50, 54, 55
収賄罪	189, 195
酒気帯び運転の罪	156
受託収賄罪	191, 194
出資法	144, 145
出生前診断	30, 38, 40, 41
傷害罪	53
消極的安楽死	44
消極的属人主義	208
条件関係	11
証券取引等監視委員会（証取委）	128
証券犯罪	4, 128
少年審判	109
少年非行	108
少年法	14, 108-113, 115, 119, 120
消費者保護	135-137, 142, 144-146
情報社会	16, 175
情報漏洩	185
食品衛生法	143
食品偽装	4, 136, 143
職務行為	12, 191

職務密接関連行為	194, 195
処断刑	221
新過失論	151
人工延命治療	48
人工授精	30
人工妊娠中絶	12, 34, 35, 63, 216
信号無視運転	158
信号無視の罪	159
親告罪	88
心神喪失・心神耗弱	13, 70, 76, 77
心神喪失等の状態で重大な他害行為を行った者の医療及び観察等に関する法律	73, 75
人身売買罪	206
真正不作為犯	10
身体刑	217
人道に対する犯罪	203, 204
信頼の原則	25, 153, 155, 206
侵略罪	206
侵略の罪	203, 205
推定的同意	98
制御困難運転	157
制御能力	70, 71
政治資金規正法	190
生殖補助医療（生殖医療）	13, 30-32, 63
生殖補助技術	58, 63, 64
精神医学	13, 69, 73, 75-78
精神科医療	13
精神鑑定	69-74, 76, 80
精神の障害	70
精神保健福祉法	72, 75
製造物事故	124
製造物責任	142
生体間移植	61
正当業務行為	12, 13
正当防衛	12, 101, 102, 116
成年後見制度	55
性犯罪被害者	89
正犯と共犯	211
生命科学	16, 56, 67
生命刑	216
生命の選別	38, 41, 42
世界主義・普遍主義	208, 209
責任原理	150, 153
責任主義	7-9, 13, 69, 116, 124, 133, 150, 225
責任阻却	15
責任能力	13, 14, 69, 70, 78, 81
責任無能力	14, 77
セクシュアル・ハラスメント（セクハラ）	89, 90, 93
積極的安楽死	44, 45, 47
積極的属人主義	208
絶対的不確定刑の禁止	7
折衷の相当因果関係説	11
窃盗罪	9, 141, 142, 185
セデーション	46, 47
前科	223
宣言的機能	170
宣告刑	222
戦争犯罪	203, 205
選択的妊娠中絶	38
先端医療	4, 16
先端技術	16
専断的治療	54
臓器提供における無償性の原則	63
臓器の移植に関する法律（臓器移植法）	12, 61, 62
臓器売買	62, 63
相談モデル	37
相当因果関係説	11

騒乱罪……………………………………15
贈賄罪……………………………189, 191
遡及処罰の禁止…………………………7
属人主義………………………………208
属地主義………………………………207
組織的犯罪集団（組織犯罪集団）……201, 203, 206
組織的犯罪処罰法……………………206
組織犯罪………………………………220
措置減免制度…………………………127
尊厳死……………………………12, 49

た 行

第3者からの配偶子提供………………31
体外受精………………………30, 31, 40
──卵……………………………………9
大気汚染防止法………………………172
大規模火災…………………………10, 15
大規模災害………………………………4
胎児性適応事由…………………35, 38
代理懐胎…………………………30-34
代理出産………………………………13
堕胎罪………………………………34, 38
多能性幹細胞…………………………58
チーム医療…………………21, 24-26
痴　漢…………………………………85
着床前診断………………30, 38, 40, 41
注意義務………15, 150, 196-198, 200
懲役（刑）……………………………218
超国家的刑法……………………211, 212
超国家的な刑罰権……………………209
直罰制……………………………163, 167
治療行為………12, 17-21, 23, 24, 28, 43, 44
DV（ドメスティック・バイオレンス）
　　……………………………100-102, 106
DV（防止）法（配偶者からの暴力の防止及び被害者の保護に関する法律）………………88, 96, 100, 101
デートレイプ……………………………86
適応事由モデル…………………………35
テクノロジー社会………………………16
鉄道事故………………………………158
テロ資金供与処罰法……………206, 208
テロリズム……………………………202
電子監視………………………………227
電子計算機損壊等業務妨害罪………184
電脳社会………………………………175
同意殺人…………………………………12
道徳・倫理……………………………170
道路交通法……………………………148
独占禁止法（独禁法）……122, 125, 126
特定商取引法…………………………143
特定胚……………………………………64
特別背任罪………………………130, 131
都立広尾病院消毒剤投与事件…………22

な 行

内閣総理大臣の職務権限…………192, 193
内乱罪……………………………………15
二重処罰の禁止………………………127
日数罰金制度…………………………220
日本産科婦人科学会会告………………31
入札談合………………………………126
ニューロサイエンス……………………79
任意的共犯………………………………15
人間の尊厳…………………………8, 16
妊娠中絶……………………………35, 36-42
認知症……………………………53, 55
ねずみ講…………………………136, 143
脳死・臓器移植…………………………12
脳神経科学…………………………69, 80

事項索引　　239

は 行

胚移植 …………………………… 30
バイオバンク …………………… 60
廃棄物処理法 ………………… 167
配偶子 …………………………… 66
犯罪地 ………………………… 207
犯罪の国際化 ………………… 201
被害者の承諾 …………………… 13
被害者の人権 …………………… 16
被害者の同意 ………… 84, 85, 87
ひき逃げ ……………………… 159
必要的共犯 ……………………… 15
ヒト・クローン胚 ……………… 66
ヒト ES 細胞（ES 細胞）… 57, 64, 65
ヒト ES 細胞の樹立及び分配に関す
　る指針 ………………………… 66
ヒト ES 細胞の使用に関する指針 … 66
ヒト iPS 細胞又はヒト組織幹細胞か
　らの生殖細胞の作成を行う研究
　に関する指針 ………………… 66
ヒトゲノム・遺伝子解析研究に関す
　る倫理指針 …………………… 60
ヒトゲノム計画 ………………… 56
ヒトに関するクローン技術等の規制
　に関する法律 ………………… 64
人の健康に係る公害犯罪の処罰に関
　する法律 …………………… 164
ヒト胚性幹細胞 ………………… 57
ヒト胚の取扱いに関する基本的考え方
　………………………………… 65
非　　難 ………………………… 69
非配偶者間人工授精 …………… 31
非犯罪化 ………………… 168, 171
ヒヤリ・ハット ………………… 27
表現の自由 ……………………… 92
被略取者等所在国外移送罪 … 206

ファイアウォール …………… 177
フィッシング詐欺 …………… 180
夫婦間強姦 ……………………… 87
不可知論 ………………………… 71
不作為 …………………… 10, 124
　――犯 ………………… 10, 197
　――犯論 …………………… 104
負傷者救護義務違反罪 ……… 159
侮辱罪 ………………………… 181
不真正不作為犯 ………………… 10
不正アクセス … 176, 177, 182, 185, 186
　――禁止法 ………… 181, 183
　――禁止法違反 …………… 176
　――罪 ……………………… 185
不正競争防止法 ……… 143, 185
不正な情報の取得 …………… 177
不正融資 ……………………… 131
不定期刑 ……………………… 115
不当な取引制限の罪 ………… 126
不能犯 …………………………… 10
プライバシー権 ……………… 182
振り込め詐欺 ………… 138, 140
プロバイダー責任制限法 … 179, 182
分子生物学 ……………………… 56
粉飾決算 ……………………… 131
偏在説 ………………………… 207
弁識能力 ………………………… 70
ポイ捨て禁止 ………………… 170
法益侵害・危殆化 …… 171, 172
法益保護 ………………………… 16
　――原則 ………………… 171-173
　――主義 …………… 8, 9, 133
妨害運転 ……………………… 157
暴行・脅迫の程度 ……………… 84
幇　　助 ……………………… 211
　――犯 ………………………… 15

法人処罰 …………………… 122
法定刑 ……………………… 221
方法の錯誤 ………………… 14
法律主義 …………………… 7
法令による行為 …………… 12
保護観察 ……………… 110, 224
保護主義 …………………… 208
保護処分 …… 109, 110, 112, 118, 120
保護責任者遺棄罪 …… 10, 97, 160
保護責任者遺棄致死罪 …… 97
保護責任者遺棄致死傷罪 …… 104, 159
保障人的地位 ……………… 124
母体保護法 ………… 12, 35, 36, 38
北海道大学電気メス事件 …… 25
ポルノグラフィ …………… 92

ま 行

マネー・ロンダリング …… 140, 202, 221
マネー・ロンダリング罪 … 206
麻薬特例法 ………………… 206
マルチ（まがい）商法 … 136, 143
未熟運転 …………………… 157
未必の故意 ………………… 14
無限連鎖講防止法 ………… 143
無免許運転の罪 …………… 157
明確性の原則 ……………… 7
酩酊運転 …………………… 156
名誉毀損罪 ………………… 181

名誉刑 ……………………… 217
森永ドライミルク事件 …… 123

や 行

薬 害 …………………… 4, 10, 15
薬害エイズ（ミドリ十字ルート）事件
 …………………………… 123
幼児虐待 …………………… 95
予見可能性 …………… 15, 123, 151
予見義務違反 ……………… 151
横浜市立大患者取違え事件 … 22, 23
余剰胚 ……………………… 64

ら 行

リコール制度 ……………… 124
利殖勧誘商法 ………… 135, 136, 144
リスク社会 ………………… 4, 5, 16
リビング・ウィル ………… 52
量刑スケール論 …………… 222
量刑枠論 ……………… 222, 223
両罰規定 ………… 122, 126, 164, 167
類推解釈 …………………… 9
 ──の禁止 ……………… 7

わ 行

わいせつ物頒布罪 ………… 91
賄賂罪 ………… 15, 189, 190, 193, 194, 196
ワンクリック詐欺 ………… 178, 179

事項索引　241

執筆者紹介 (執筆順)

甲斐 克則 (かい かつのり)	早稲田大学法科大学院教授　編者	はしがき・プロローグ・第1章・エピローグ
田坂 晶 (たさか あき)	島根大学法文学部准教授	第2章
石川 友佳子 (いしかわ ゆかこ)	福岡大学法学部専任講師	第3章
加藤 摩耶 (かとう まや)	岡山商科大学法学部専任講師	第4章
神馬 幸一 (じんば こういち)	静岡大学人文社会科学部法学科准教授	第5章
上原 大祐 (うえはら だいすけ)	鹿児島大学法文学部准教授	第6章
田山 聡美 (たやま さとみ)	神奈川大学法学部准教授	第7章
平山 幹子 (ひらやま もとこ)	甲南大学法科大学院教授	第8章
岡田 行雄 (おかだ ゆきお)	熊本大学法学部教授	第9章
澁谷 洋平 (しぶや ようへい)	熊本大学法学部准教授	第10章
松澤 伸 (まつざわ しん)	早稲田大学法学部教授	第11章
岡部 雅人 (おかべ まさと)	姫路獨協大学法学部准教授	第12章
嘉門 優 (かもん ゆう)	立命館大学法学部准教授	第13章
鈴木 優典 (すずき まさのり)	山梨学院大学法学部准教授	第14章
仲道 祐樹 (なかみち ゆうき)	早稲田大学社会科学総合学術院専任講師	第15章
日山 恵美 (ひやま えみ)	広島大学大学院法務研究科准教授	第16章
吉中 信人 (よしなか のぶひと)	広島大学大学院社会科学研究科教授	第17章

法律文化ベーシック・ブックス〔HBB⁺〕

2012年4月10日　初版第1刷発行

現代社会と刑法を考える

編者　甲斐克則（かいかつのり）

発行者　田靡純子

発行所　株式会社 法律文化社

〒603-8053　京都市北区上賀茂岩ヶ垣内町71
電話 075(791)7131　FAX 075(721)8400
URL：http://www.hou-bun.com/

Ⓒ2012 Katsunori Kai Printed in Japan
印刷：共同印刷工業㈱／製本：㈱藤沢製本
装幀　石井きよ子
ISBN 978-4-589-03420-5

「無味乾燥な学問」から「生きた面白い学問」へ さらに読みやすく、面白く

法律文化ベーシック・ブックス

四六判・並製カバー巻・平均280頁

HBB⁺(プラス)シリーズ

新・いのちの法と倫理	葛生栄二郎・河見誠・伊佐智子 共著	2730円
ジェンダー法学入門	三成美保・笹沼朋子・立石直子・谷田川知恵 著	2625円
平和と人権の憲法学 ―「いま」を読み解く基礎理論―	葛生栄二郎・高作正博・真鶴俊喜 著	2625円
新・消費者法 これだけは	杉浦市郎 編	2730円
これからの地方自治を考える ―法と政策の視点から―	中川義朗 編	3045円
現代社会と刑法を考える	甲斐克則 編	2625円
政治史への問い／政治史からの問い	熊野直樹ほか 著	2730円
実践の政治学	畑山敏夫・平井一臣 編	2625円

既刊HBBシリーズ

法律嫌いの人のための法学入門	石田喜久夫 著	2625円
なるほど! 公法入門〔第2版〕	村上英明・小原清信 編	2520円
法文化の探求〔補訂版〕 ―法文化比較にむけて―	角田猛之 著	2940円
史料で読む日本法史	村上一博・西村安博 編	3255円
トピック法思想 ―羅針盤としての歴史―	竹下賢・平野敏彦・角田猛之 編	2940円
ベーシック憲法入門〔第2版〕 ―いま世界のなかの日本国憲法は―	山下健次・畑中和夫 編	2940円
地球時代の憲法〔第3版〕	根本博愛・青木宏治 編	2520円
現代の人権と法を考える〔第2版〕	中川義朗 編	2625円
消費者民法のすすめ〔補訂3版〕	石田喜久夫 著／田中康博 補訂	2625円
私たちの消費者法〔四訂版〕	平野鷹子 著	2625円
自立と連帯の労働法入門〔補訂版〕	片岡曻 著	2940円
私たちの社会福祉法〔第2版〕	佐藤進・児島美都子 編	3045円
終わらない20世紀 ―東アジア政治史1894～―	石川捷治・平井一臣 編	2625円

HBB⁺は順次刊行予定。表示価格は定価(税込価格)